Sarah Roseanne Fox

Ich bin nass von Dir!

Erotische Geschichten

Blue Panther Books

BLUE PANTHER BOOKS TASCHENBUCH
BAND 2828
1. AUFLAGE: MAI 2024

VOLLSTÄNDIGE TASCHENBUCHAUSGABE
ORIGINALAUSGABE

LEKTORAT: DIVERSE

COVER:
© ARTFOTOSS @ 123RF.COM
© 4MAX @ 123RF.COM
UMSCHLAGGESTALTUNG: MT DESIGN
GESETZT IN DER TRAJAN PRO UND ADOBE GARAMOND PRO

PRINTED IN POLAND
ISBN 978-3-7561-2817-4
WWW.BLUE-PANTHER-BOOKS.DE

INHALT

MIT DEM GUTSCHEIN-CODE

SRF15TBMXRS

ERHALTEN SIE AUF **WWW.BLUE-PANTHER-BOOKS.DE**
DIESE EXKLUSIVE ZUSATZGESCHICHTE ALS E-BOOK
IN DEN FORMATEN PDF, E-PUB UND KINDLE.
REGISTRIEREN SIE SICH EINFACH ONLINE ODER
SCHICKEN SIE UNS DIE BEILIEGENDE POSTKARTE
AUSGEFÜLLT ZURÜCK!

Nur ich weiss, was dich geil macht

Svenja saß auf dem Beifahrersitz und sah gelangweilt auf die Landschaft zu ihrer Rechten. Immer seltener kamen sie an Ortschaften vorbei. Es wurde einsamer da draußen, hier gab es nur Wald. Dennoch verriet das Navi, dass sie noch über eine Stunde Fahrtzeit vor sich hatten. Kurz blickte sie zu ihrem Mann Arnold, der beim Fahren den aktuellen Song aus dem Radio leise mitsummte. Svenja wandte ihr Gesicht wieder zum Fenster und schloss die Augen. All die Jahre zuvor hatte sie Arnold vorgehalten, dass sie nicht mehr gemeinsam Urlaub machten. Und jetzt, wo er sie überraschend zu diesem Trip in ein einsam gelegenes Ferienhaus an einem See eingeladen hatte, passte ihr das ganz und gar nicht. Aber Nein sagen war verständlicherweise jetzt unmöglich gewesen.

Sie hatte Pläne gehabt für den Sommer. In der Nähe ihres Wohnortes hatte dieses Jahr ein Ferienresort eröffnet und ihre Frauenclique und sie hatten sich fest vorgenommen, dort den besten Sommer ihres Lebens zu verbringen. Es gab ein Freibad, etliche Eisdielen, Cafés und Restaurants und was vermutlich am wichtigsten war: knackige, junge Saisonarbeiter. Die Angestellten waren oft weit weg von Frau, Freundin, Familie und nur für den Sommer im Resort tätig. Der ein oder andere war unter diesen Umständen sicher nur zu gern bereit für einen Urlaubsflirt mit einer Einheimischen, die er danach nie wiedersehen würde. Zumindest war das die Theorie von Patricia Winkelmann und ihr. Pati war ihre engste Vertraute. Sie war frisch geschieden und hatte allein dadurch ohnehin schon die besseren Grundvoraussetzungen bei diesem Vorhaben. Jetzt hatte sie komplett freie Bahn und musste nicht einmal mehr Rücksicht auf ihre Freundin nehmen.

Salvatore, der Kellner aus der größten Eisdiele, hatte ihnen beiden schöne Augen gemacht und Svenja hatte ihn insgeheim längst als ihren Sommerliebhaber auserkoren. Das konnte sie jetzt unter Garantie vergessen. Was das anbelangte, war Patricia skrupellos und bis sie in vierzehn Tagen zurück wäre, hätte sie sicher schon ein Drittel des Personals durch. Zumindest die Gutaussehenden, Willigen. Der ganze hervorragende Plan war verdorben. Ein Mal hatte sie sich gehen lassen und endlich wieder als anziehende Frau fühlen wollen – und jetzt saß sie hier im Auto auf dem Weg zu einer abgelegenen Seehütte. Das war der Grund, weshalb sie so sauer auf Arnold war, der weder davon wusste noch etwas dafür konnte.

Sie wollte schlafen oder zumindest so tun, als ob, um einer Unterhaltung mit ihrem Mann aus dem Weg zu gehen. Dabei würde sie ihn nur anschnauzen und er würde nicht verstehen, weshalb. Streit in der Einöde wollte sie aber sicher nicht, daher war es vorläufig besser, den Mund zu halten, bis ihre Wut abgeebbt war.

Nach wenigen Minuten fiel sie in einen unruhigen Schlaf und ebenso schnell in einen Traum:

Svenja war nur Beobachterin und nicht aktiv am Geschehen beteiligt. Sie sah Patricia, die scheinbar als letzter Gast in der schicken Eisdiele saß und sich einen Hugo schmecken ließ. Sie trug ein gewagtes rotes Kleid und heiße, feuerrote High-Heel-Sandaletten, was typisch für sie war. Sie schnappte ihren Drink und stöckelte damit in den hinteren Teil, in dem sich der für Gäste normalerweise nicht zugängliche Zubereitungsbereich befand. Hier war Salvatore mit Saubermachen beschäftigt und sah sie aufmerksam an, als sie elegant hereinschwebte.

»Bist du immer noch nicht fertig hier?«, fragte Pati übertrieben beleidigt und schob die Unterlippe vor, um zu zeigen, wie ungeduldig sie auf ihn wartete. »Ich hatte gehofft, wir trinken noch einen Absacker zusammen oder so«, flötete sie, kam ihm dabei immer näher und strich ihm mit einem Finger lasziv über die Brust.

Salvatore erwiderte nichts und sah sie nur an. Er blieb auch stumm, als sie vor ihm in die Knie ging, seine Hose öffnete und einen absurd großen, prallen Schwanz hervorholte.

Patricia hingegen machte wollüstig »Mmmmh«. Sie griff sich einen Sahnespender von der Anrichte, warf ihm einen bedeutungsvollen Blick zu und verzierte den Steifen in ihrer Hand langsam und ausgiebig mit der Sahne. Salvatore folgte dem Schauspiel fasziniert und – wie man an seinem schnelleren Atem bemerkte – mittlerweile extrem erregt. Erst als Patricia sich vorbeugte, um ihn genüsslich zuerst abzulecken und danach tief in ihren Mund aufzunehmen, stöhnte er auf. Er ließ sie seinen Schwanz blasen, was außer der Sahne auch Streifen scharlachroten Lippenstiftes hinterließ. Als sie eine Pause machte und verführerisch zu ihm aufsah, grinste er, nahm ihr die Sprühsahne aus der Hand und besprühte seine Eichel nochmals damit, als wollte er sie anspornen, nicht aufzuhören. Patricia kam dieser unausgesprochenen Bitte augenblicklich nach, war jetzt fordernder und setzte diesmal sanft ihre Zähne ein. Salvatores Stöhnen wurde immer drängender und bald schob er sie ungeduldig von sich, um ihr das Kleid über den Kopf zu ziehen.

Patricia trug keinen BH und kniete jetzt nur in einem roten String und den High Heels vor ihm. Salvatore zog sie sanft zu sich empor, um dann seinerseits langsam in die Knie zu gehen und ihr das letzte Stückchen Stoff abzustreifen. Er erhob sich wieder und setzte sie mit einem Ruck vor sich auf die Anrichte. Erneut nahm er die Sahne zur Hand und besprühte ihre Nippel großzügig damit. Gierig leckte er die weißen Tupfer von ihren Warzen, dann trat er einen Schritt zurück, betrachtete kurz die angeheizte Frau, die mit gespreizten Beinen vor ihm saß, und spritzte ihr lüstern lächelnd einen breiten Streifen Sahne auf die Muschi. Zwischen ihren Schenkeln war es so heiß, dass die Schlagsahne sofort flüssig wurde und als weißes Rinnsal an ihr herunterlief. Er beeilte sich, sie sauber zu lecken, was ihm nur mäßig gelang. Trotz seiner Bemühungen war ihre Spalte sahnig beschmiert, als er sich erhob und seine Eichel daran ansetzte.

Während er mit einem langsamen, erlösenden Stoß in sie fuhr, sagte er den Satz, der Svenja nach Luft schnappend aus dem Schlaf erwachen ließ. »Gut, dass es so gekommen ist. Ich hätte mich sonst für Ihre Freundin entschieden!« …

»Albtraum?«, fragte Arnold vom Fahrersitz und sah sie mitfühlend an.

Svenja nickte bloß verschlafen. Patricia war so eine Kuh! Eine miese Verräterin war sie! Erst langsam wurde ihr bewusst, dass es nur ein Traum gewesen war und Pati nichts Verwerfliches getan hatte. Zumindest noch nicht. Dass Salvatore vermutlich keinen wunderschönen großen Prügel in der Hose hatte, war ihr ebenfalls klar. Diesen Teil des Traums wollte sie aber erst als Unfug abtun, wenn ihr zweifelsfrei das Gegenteil bewiesen wurde. Der Gedanke ließ sie schmunzeln und sie rappelte sich im Sitz hoch, um einen Blick auf das Navi zu werfen. Wenigstens zeigte es mittlerweile nur noch wenige Minuten bis zur Ankunft an. Svenja schenkte Arnold ein Lächeln, da er sie nach ihrem Aufschrecken weiter aufmerksam im Auge hatte, und sie hoffte, ihn damit zu beruhigen.

Hier draußen gab es weder Staus noch erhöhtes Verkehrsaufkommen und so lag das Navi mit seiner Ankunftszeit richtig. Svenja stieg aus, vertrat sich nach der langen Fahrt die Beine und streckte sich. Danach besah sie sich das Ferienhäuschen und die nähere Umgebung. Im Grunde genommen war es wunderschön hier. Nahezu perfekt für einen romantischen Urlaub zu zweit. Das kleine Holzhaus stand nur wenige Meter vom See entfernt, die Aussicht war traumhaft und ein breiter Steg lud dazu ein, auf ihm zu sitzen und die Füße ins Wasser baumeln zu lassen.

Aber Svenja wollte das alles nicht! Sie wünschte sich das Resort, die jungen Männer und endlich wieder als begehrenswerte Frau wahrgenommen zu werden.

Ihr Handy vibrierte. Eine WhatsApp-Nachricht von Patricia: *SALVATORE VERMISST DICH*, dahinter ein Zwinker-Emoji.

UND ICH DICH AUCH!, danach ein heulendes Smiley.

Svenja antwortetet ebenfalls mit einem tränenüberströmten Emoji, was Patricia alles sagen würde. Missmutig folgte sie Arnold ins Haus, der schon mit dem Gepäck hinein verschwunden war.

Drinnen war es klein, aber urgemütlich. Es gab sogar einen Kamin. Schlafzimmer und Badezimmer waren separate Räume, Küche, Ess- und Wohnbereich waren in einem größeren Zimmer untergebracht. Mehr gab es nicht. Der Gedanke, hier auf engstem Raum zwei Wochen mit Arnold verbringen zu müssen, war beängstigend und ließ sie erzittern. Er hatte zwar seinen Laptop dabei und sie ihr Handy, aber dennoch würden sie weit mehr Zeit miteinander haben, als das zu Hause je der Fall war.

Da es draußen schon dämmerte, entschied sie, sich vorläufig auf die Zubereitung eines Salates für das Abendessen zu konzentrieren. Sie hatten unterwegs Lebensmittel für einige Tage eingekauft und auch ein üppiges Mittagessen eingenommen, sodass ein Salat jetzt vollkommen ausreichend war. Svenja stand mit dem Rücken zu Arnold an der Küchenanrichte und schnippelte konzentriert Paprika und Tomaten. Ab und zu blickte sie durch das vor ihr liegende Fenster hinaus auf den langsam in der Dunkelheit verschwindenden See.

Arnold öffnete eine Flasche Wein, schenkte ihnen beiden ein und obwohl Svenja dies mitbekam, erschrak sie, als er plötzlich hinter ihr stand, eine Hand auf ihre Hüfte legte und ihr Glas neben ihr abstellte. Sie verspannte sich augenblicklich unter seiner Berührung. Just in diesem Moment schweiften ihre Gedanken wieder zu Salvatore und seinem sahnigen Freudenbringer ab. Ob er ernsthaft nach ihr gefragt hatte? Unter Umständen würde er sogar zwei Wochen auf sie warten und Patricia musste sich einen anderen suchen. Nach ihrer Rückkehr würde sie dann gern von jedem Quadratzentimeter seiner Haut Sahne schlecken.

»Wer ist eigentlich Salvatore?«, unterbrach Arnold ihre unkeuschen Gedanken und schockierte sie mit dieser Frage zutiefst.

Ihre Gesichtszüge entglitten völlig und sie war froh, dass sie mit dem Rücken zu ihrem Mann stand, sodass er ihr Entsetzen nicht sehen konnte. Ihre Spiegelung in der Fensterscheibe vor dem nachtschwarzen Hintergrund sah er aber deutlich und er spürte sicher, wie sich ihr Körper unter seiner Hand verkrampfte.

»Du hast im Auto seinen Namen gesagt, bevor du aufgeschreckt bist. Ich dachte, du weißt gar nicht, von wem ich rede. Jetzt bin ich allerdings sicher, dass zu dem Namen auch eine reelle Person gehört!« Er nickte mit dem Kinn in Richtung Fensterspiegelung.

Svenja begriff sofort, was sie verraten hatte. Ihre Wut kochte wieder hoch. »Wenn dir nicht passt, was und von wem ich träume, dann hör doch einfach nicht hin, wenn ich im Schlaf rede. Privatsphäre nennt man das!«, giftete sie Arnold an, schnappte ihr Weinglas und ging damit vor die Tür.

Einen Augenblick stand sie unschlüssig herum, dann beschloss sie, auf den Steg zu gehen. Es war weiterhin angenehm warm und sie setzte sich mit ihrem Glas ans Ende der Holzkonstruktion. Während sie trank, lauschte sie den fremden Geräuschen, die in der Dunkelheit teilweise eigentümlich klangen. Doch sie konnten sie nicht ablenken, Svenja war gefangen in ihrem Zorn. Das war gerade gründlich schiefgegangen und sie überlegte, wie sie aus dieser Situation wieder herauskäme. Womöglich war es sinnvoller, jetzt Klartext zu reden? Musste Arnold aufgrund ihrer Reaktion nicht ohnehin das Schlimmste annehmen? Die Wahrheit war vermutlich weniger schockierend als seine Fantasien. Ein knarrendes Geräusch hinter ihr ließ sie zusammenzucken.

»Wann ist das mit uns passiert?«, fragte ihr Mann traurig, während er sich mit einigem Abstand zu ihr setzte. Er hatte sein Glas und die geöffnete Flasche Wein dabei und stellte sie vor sich ab.

»Ich habe nichts mit Salvatore, falls du das denkst. Er arbeitet im Resort, wo wir manchmal essen, und wir haben geflirtet. Mehr nicht! Aber ich hätte mir durchaus mehr gewünscht!«, gab Svenja ohne Umschweife zu.

Arnold hatte die Knie angezogen, die Arme darauf gestützt und ließ – wohl von ihrem Geständnis entmutigt – den Kopf dazwischen sinken. »Und was hat er, was ich nicht habe?«, wollte er wissen.

Svenja schwieg kurz und war erneut froh, ihm nicht in die Augen sehen zu müssen. Sie atmete tief durch, dann erklärte sie: »Gar nichts! Es ist die Art, wie er mich ansieht. Früher hast du mich auch so angesehen.«

Arnold erwiderte nichts, hob aber den Kopf und sah sie lange an. Ihr schien es, als würde er überlegen, ob sie recht hatte. Weiterhin schweigend schenkte er ihnen beiden nach und sie tranken, nur umgeben von den Geräuschen der Natur. Jeder grübelte für sich.

Svenja beschäftigte seine Frage, wann das passiert sei. Darauf gab es vermutlich keine Antwort. Viele Ehen, von denen sie wusste, verliefen so. Sie endeten nicht im großen Streit, sondern im großen Schweigen. Man hatte sich nach all den Jahren nichts mehr zu sagen oder zu geben und lebte nebeneinander her. Traurig, aber wahr, sie waren da keine Ausnahme. So saßen sie eine Weile schweigend zusammen, dabei war die trotz der Anspannung zwischen ihnen spürbare Vertrautheit seltsam tröstlich.

Als die Flasche geleert war, gingen sie ins Haus, wo der Rest des Abends frostig und still verlief.

***

Als Svenja am nächsten Morgen erwachte, war Arnold nicht im Haus. Auf dem Tisch stand ein liebevoll hergerichtetes Frühstück und ein kleiner, offensichtlich selbst gepflückter Blumenstrauß. Svenja lächelte unwillkürlich. Das bedeutete wohl, dass Arnold um sie und ihre Beziehung kämpfen wollte.

Sie hatte längst aufgeräumt und sich angezogen, als sie ihren Mann endlich auf dem Steg erblickte. Draußen wurde es schon angenehm warm. Mit einer Tasse Kaffee bewaffnet, machte sie sich auf den Weg zu ihm. Sie würde nicht fragen, wo er gewesen war, dachte sich aber, dass er bei einem ausgedehnten Spaziergang versucht hatte, den Kopf freizubekommen. Egal, wo er gewesen war, seine Laune war jetzt sicher besser.

Er nahm den Kaffee gern an und sie in den Arm. Dabei drehte er sie aber von sich weg, sodass sie gemeinsam auf den See blickten, und meinte: »Sieh dir das an! Ist es nicht atemberaubend schön?«

Das Wasser war komplett still und auf der Oberfläche glitzerte die Sonne. Der See wirkte endlos, tief und beruhigend. Ja, es war wundervoll.

»Lass uns das nutzen und schwimmen gehen!«

Svenja verzog das Gesicht. »Ich denke, mir ist das zu kalt«, gab sie zu bedenken.

Aber Arnold widersprach ihr sofort. »Papperlapapp! Ich sorge schon dafür, dass dir warm wird«, meinte er lachend. »Los! Zieh einen heißen Bikini an, schließlich bist du hier nicht allein!« Er zwinkerte ihr zu. »Ich habe meine Badehose schon drunter und hole noch schnell Handtücher. Wir treffen uns gleich wieder hier.« Er wartete keine Antwort ab und eilte mit seiner Tasse ins Haus.

Svenja war überrascht von seiner extrem guten Laune und entschied, ihm den Gefallen zu tun. So euphorisch hatte sie ihn ewig nicht erlebt und wollte es zumindest versuchen, auch wenn sie es vermutlich nicht lange im Wasser aushalten würde.

Sie schlüpfte in einen pinkfarbenen Bikini, den sie ursprünglich für die Nachmittage im Resort gekauft hatte, und war dabei selbst ein bisschen aufgeregt, weil Arnold sich so freute. Sie holte die passenden Sandalen aus dem Koffer und strahlte, während ihr Mann ihr nachpfiff, wie sie so herausgeputzt den Steg entlangschritt.

Er war schon im Wasser und schwamm mit kräftigen Zügen zu ihr, als sie sich mit angezogenen Beinen an den Rand der Bretter setzte. »Es ist wirklich nicht zu kalt und dort drüben reicht mir das Wasser bis zum Ende des Stegs gerade mal bis an die Hüfte. Da kannst du langsam reinkommen, wenn dir das lieber ist«, bot er an, grinste und drückte dann seinen nassen, kühlen Körper auf ihre Beine gestützt hoch, um sie auf die Stirn zu küssen.

Svenja quietschte ausgelassen. Warm fand sie es nicht unbedingt.

»Es sei denn, du willst direkt hier zu mir reinspringen?«

Svenja lachte und schüttelte vehement den Kopf. Sie zog die Schuhe aus und lief auf dem Steg zurück, um vom Ufer aus langsam in das erfrischende Nass zu gehen.

Arnold gefiel ihr. Als hätte die gestrige Unterhaltung ihn komplett verändert, glich er dem Mann, in den sie sich verliebt hatte. Sie hatte befürchtet, er wäre heute weiterhin enttäuscht oder gar verärgert, aber beides war nicht der Fall.

Er beobachtete, wie sie in den kalten See schritt, und als sie bis zum Nabel darin war, schwamm er unter Wasser zu ihren Beinen. Sich an ihrer Hüfte festhaltend, tauchte er direkt vor ihr auf. Ihre Nasenspitzen berührten sich fast, als er jetzt vor ihr stand.

Was sie aber fühlte, war die Hitze und die Härte der Erektion, die er ihr an den Venushügel presste, während er seine Hüfte gegen ihre drückte. Ihr erschien das Wasser kühl und dennoch war sein Schwanz steinhart, was sie kurz erstaunt nach Luft schnappen ließ. Er hielt sie eisern fest, griff sich hart ihre Oberschenkel und zwang sie so, ihn mit den Beinen zu umschlingen und sich zusätzlich an seinen Schultern festzuhalten. So an seinen kühlen Körper gepresst, richteten sich ihre Nippel sofort steil auf und drückten hart gegen seine Brust. Sein Steifer lag direkt zwischen ihren leicht geöffneten Schamlippen, nur durch die beiden Lagen nassen Stoffs ihrer Badehosen von ihnen getrennt.

Arnolds Blick veränderte sich. Die ausgelassene Fröhlichkeit verschwand daraus und machte gieriger Geilheit Platz. »Hat dein Salvatore auch so einen strammen Riemen? Weiß er, dass du es brauchst und magst, wenn es etwas härter zugeht? Zumindest war das früher so. Auch du hast dich verändert, meine Liebe!«

Svenja sah ihren Mann forschend an. Ihre Heiterkeit war ebenfalls verschwunden. Das Thema Salvatore war also keineswegs vom Tisch, wie sie gehofft hatte. Es schwelte in Arnold und er hatte recht. Am Anfang ihrer Beziehung hatten sie solche Dinge ausdiskutiert und nicht selten mit hartem

Sex ausgeglichen. Ehrlichkeit war ihnen über alles gegangen. Geheuchelte Zufriedenheit hatte ihre hitzigen Diskussionen abgelöst und zu dieser Gleichgültigkeit geführt. So wie er sie ansah, wollte er damit jetzt Schluss machen und sie war eindeutig dafür.

Sie blickte Arnold fest in die Augen, als sie ihm antwortete. »Im Auto habe ich geträumt, dass er einen echt großen Schwanz in der Hose hat«, gab sie provozierend zu und beobachtete, wie diese Aussage Arnolds Blick und seinen Penis härter machte. Es erregte ihn, dass seine Frau nicht klein beigab. Er befreite sie hastig von ihrem Bikinioberteil und warf es geschickt Richtung Ufer, wo es als nasser Ball aufkam. Svenja fühlte unter der Hand, mit der sie sich an ihm festhielt, die Bewegungen seiner Muskeln dabei und das erregte sie – ebenso wie die Frage, die er ihr stellte: »Hast du ihm schon deine schönen, prallen Titten gezeigt? Weiß er, wie empfindlich deine Zitzen sind?«

»Nein«, gestand sie leise und stöhnte auf, als Arnold sie – als wollte er seine Worte unterstreichen – unnachgiebig an beiden Nippeln packte. Er knetete sie mit den Fingern, was Svenja noch mehr zum Aufstöhnen brachte. Dann klemmte er sie zwischen Zeige- und Mittelfinger und spielte mit den Daumen daran, bis ihr Körper sich aufbäumte und sie ihren Unterleib fest an seinem Steifen rieb. Da ließ er sie los, griff um sie herum und zog ihr das Höschen nach unten über den Po. Arnold stellte sie ab, damit sie es komplett ausziehen konnte, befreite sich ebenfalls von seiner Badehose und warf beides hastig zum Bikinioberteil. Seine Frau hob er wieder hoch und sie umklammerte ihn augenblicklich erneut mit ihren langen Beinen. Diesmal tat sie es ganz von allein.

Bei seinem ausgedehnten Spaziergang hatte er sich erinnert, wie sie früher übereinander hergefallen waren. Die Vorstellung, dass sie dies einem Fremden geben wollte, machte ihn rasend. Der Sex war seltener und geruhsamer geworden im Verlauf ihrer Ehe, das war ihm bewusst. Was er nicht verstand, war, weshalb sie sich von einem anderen vögeln lassen wollte, wenn es ihr fehlte, statt einfach mit ihm zu reden. Sie hätte sich ebenso um ihn bemühen können, da er im Endeffekt das Gleiche vermisste wie sie. Er betrachtete sie und stellte fest, dass sie für ihn nach wie vor die schönste und begehrenswerteste Frau überhaupt war. Sein Schwanz befand sich jetzt direkt an ihrer Muschi, die sich feucht und kalt anfühlte.

Als er in sie eindrang, hatte er kurz Bedenken, ob er die Erektion halten konnte, so kühl war es in ihrem engen Inneren. Die Wut über das Vergangene ließ seinen Penis aber sofort wieder heftig anschwellen. Er wollte sich ihr beweisen, ihr zeigen, dass nur er sie so befriedigen konnte, wie sie es brauchte.

Als die Härte zurückkam, stieß er seinen Steifen direkt komplett in sie. Er fühlte am Schaft, wie Wasser aus ihr gepresst wurde. Svenja stöhnte. Durch die Kälte war sie enger als gewöhnlich und spürte Arnold intensiver. Er nahm darauf keine Rücksicht, hielt sie am Arsch und stieß immer wieder hart in sie, wodurch sie schnell wärmer wurde. Sein Zorn war überwältigend. Er bemerkte erst, dass er zu brutal in sie fuhr, als sie versuchte, sich an seinen Schultern hochzudrücken, damit er nicht mehr so tief in sie kam.

Arnold bremste sich und ging einen Schritt weiter ins Wasser. Jetzt konnte er sie auf der Wasseroberfläche ablegen. Er hielt sie zwar weiterhin an der Hüfte, aber Svenja musste beide Arme ausstrecken und ihrem Oberkörper immer wieder Auftrieb verschaffen, um nicht mit dem Kopf unterzugehen. Ihre Schenkel waren weit gespreizt und er stieß langsam in sie. Harte Stöße konnte er so nicht ausführen, aber der Anblick ihrer prallen Brüste, ihres geschwollenen Kitzlers und der sich sanft im Wasser bewegenden Schamlippen, zwischen denen sein Dicker verschwand, machte ihn unheimlich an. Erneut dachte er daran, dass sie das einem anderen hatte anbieten wollen, und die Wut veranlasste ihn dazu, seinen Steifen so schnell und tief in sie zu rammen, dass sie unterging. Mit einer Hand stützte er sie im Rücken, sodass sie Luft holen konnte.

»Genauso brauchst du das«, stöhnte er, während er weiter so hart in sie fickte, dass sie bei jedem Stoß abtauchte.

Als ihr langsam die Kraft auszugehen schien und sie beim Auftauchen nur noch nach Luft japste, zog er sie wieder an sich. Svenja hielt sich entkräftet an seinen Schultern fest. Sein Schwanz steckte weiter in ihr, während er mit ihr Richtung Ufer ins flache Wasser lief. Dort ging er mit ihr in die Knie und legte sie im Sand ab. Er zog seinen Steifen aus ihr heraus und sah sie fest an. Sie hielt seinem Blick stand. Svenja war erschöpft, aber sicher nicht bereit, nachzugeben. Ihre Augen funkelten, wie früher heizte seine Härte sie zusätzlich an.

»Dreh dich um«, befahl er mehr, als er bat, und sie gehorchte.

Svenja ging auf alle viere, die Wassertropfen auf ihrem Rücken glitzerten in der Sonne. Arnold packte sie mit beiden Händen am Arsch und zog ihre Arschbacken so weit auseinander, dass er einen ausgezeichneten Blick auf ihre Spalte bekam. Mehr tat er nicht. Er betrachtete sie nur und ließ sie warten. Erst als er sah, wie ihr Inneres verlangend vor Erregung zuckte, stieß er erneut ohne Vorwarnung in sie. Er hielt sie weiter gespreizt, als er langsam und genussvoll in sie fuhr, aber seine Daumen wanderten nach oben in Richtung ihrer Rosette, die er zu dehnen begann.

»Ich kann nicht fassen, dass du einen andern ranlassen wolltest, und finde, du verdienst es vorläufig nicht, dass ich es deiner Muschi besorge.«

Svenja stöhnte auf, sie wusste, was er damit sagen wollte. Der letzte Analverkehr war lange her und sie ächzte gequält, als er sein steifes Glied langsam in sie drückte.

Arnold blieb dabei behutsam, selbst wenn es ihn extrem anregte, endlich einmal wieder die Enge ihres Schließmuskels zu fühlen. Erst als er spürte, wie dieser dem Widerstand nachgab, weil Svenja sich entspannte, begann er vorsichtig, aber fordernd tiefer zu stoßen. Sie stöhnte weiterhin laut, wenn auch nicht mehr so leidend wie am Anfang, was ihm zusätzlich gefiel. Früher war Analsex bei ihnen immer eine Art »Erziehungsmaßnahme« gewesen, weil Svenja dabei meist nicht zum Orgasmus kam. Diese Zeiten waren lange her und er wollte sie nicht bestrafen, aber das Gefühl, tief in ihre enge Öffnung zu stoßen, weckte viele Erinnerungen. Arnold ließ sich gehen und genoss die Lust, die er dabei empfand, sie hart zu nehmen.

»Würdest du wollen, dass ein anderer dich so nimmt? Würde es dir gefallen, wenn nicht ich jetzt hier wäre?«, fragte er aufgebracht, während er immer rücksichtsloser in sie stieß.

»Nein«, stöhnte Svenja und war damit ehrlich.

Arnold packte sie an beiden Brüsten und zog ihren Oberkörper dabei nach oben, während er jetzt ungezügelt in sie fickte, bis er sich schwer atmend ergoss. Er bleib tief in ihr und kostete ihr Stöhnen aus. Sie kam nicht, aber ihr Arsch zog sich kontinuierlich zusammen, während sein Sperma in sie gepumpt wurde.

»Das ist gut, sehr gut sogar«, stöhnte Arnold, als sein Schwanz aufgehört hatte zu zucken.

Erschöpft ließ er sich mit ihr in den Sand sinken, wodurch sein Penis aus ihr rutschte. Er streichelte sie zwischen den Schenkeln und verteilte dort den aus ihr rinnenden Saft. Eine Weile blieben sie in enger Umarmung so liegen, bis die Kälte des Strandes sie frösteln ließ. Arnold hob seine entkräftete Frau auf und trug sie auf seinen Armen ins Haus, was sie dankbar zuließ.

Eigentlich hatte er sie nur vom Sand befreien wollen, aber als Svenja mit ihm unter dem warmen Strahl der Dusche stand und er sanft ihren Körper einseifte, regte sich sein Schwanz erneut. Diesmal würde er sie verwöhnen. Seine Wut hatte er mit dem Orgasmus abreagiert, übrig geblieben war nur die Liebe und Verehrung, die er für seine Frau empfand.

Svenja lehnte mit geschlossenen Augen mit dem Rücken an der Wand der Duschkabine. Sie schien die Veränderung in seiner Berührung sofort zu spüren und öffnete die Augen. Ihre zuvor durch die Anstrengung und die Wärme des Wassers erschlafften Muskeln spannten sich augenblicklich an und ein wohliges Stöhnen kam tief aus ihrer Kehle. Sie war nicht zu erschöpft, um jetzt zum Höhepunkt zu kommen. Es brauchte etwas mehr, um seine Frau fertigzumachen, daran hatte sich im Verlauf der Zeit nichts geändert. Diese Tatsache steigerte sein Verlangen nach ihr und als sie seine Hände ergriff und sie führte, um ihm zu zeigen, wo sie berührt werden wollte, ließ er das gern zu. Langsam legte sie sie auf ihre Brüste, worauf er anfing, sie hingebungsvoll zu kneten.

Svenja kostete das aus und er betrachtete sie dabei, wie sie sich mit erneut geschlossenen Augen ihrer Lust hingab. Als er ihre Brüste fest mit beiden Händen umschloss, packte sie seinen Kopf und führte ihn hinab, sodass er an ihren Nippeln saugen konnte. Er wechselte zwischen den beiden hin und her, auch wenn sie weiter seinen Kopf festhielt, als wollte sie vermeiden, dass er sich ihr entzog. Sie öffnete die Beine so weit, dass er seinen Oberschenkel dazwischendrücken konnte. Erst sanft, dann immer fordernder rieb sie ihr Becken daran. Schließlich ließ sie ihn los. Sie war so weit.

Arnold küsste sie gierig und presste dabei ihren Körper mit dem seinen gegen die Duschkabinenwand. Erneut packte er sie an den Oberschenkeln und schob sein Becken zwischen sie, während er sie hochhob. Jetzt drang er sanft in sie ein, zog bei jedem Stoß sein Glied fast komplett aus ihr, um es dann langsam wieder in ihr zu versenken.

Svenja krallte sich in seinen Rücken und ihr Stöhnen wurde immer lauter, bis sie sich mit dem ganzen Gewicht gegen ihn drückte und er spürte, wie sie endlich zu ihrem erlösenden Höhepunkt kam. Das Zucken ihrer Scheidenmuskeln dabei war so einengend, dass es ihn erneut abspritzen ließ. Er war überrascht von der Menge Sperma, die hinterher an ihren feuchten Schenkeln herunterlief, und wusch sie und sich nochmals.

***

In ihre Bademäntel gehüllt, kuschelten sie sich danach mit einem Glas Wein auf das Sofa, ohne bisher groß miteinander gesprochen zu haben. Alles war wie selbstverständlich zwischen ihnen abgelaufen.

»Es tut mir leid«, begann Svenja reumütig die Unterhaltung. »Wie konnte ich nur vergessen, was wir beide haben? Ich möchte uns gern wieder finden.«

»Und Salvatore?«, fragte Arnold nicht überzeugt.

»Mit ihm war nichts außer meiner Fantasien und ich bin sehr sicher, dass Patricia ihn schon versorgen wird.« Svenja lachte trocken.

»Ausgerechnet! Wie passend!«, fuhr es aus Arnold in scharfem Ton heraus.

Svenja runzelte die Stirn. »Wie meinst du das?«, fragte sie verunsichert. Arnold hatte wenig bis gar nichts mit Patricia zu tun und sie verstand seinen heftigen Ausbruch nicht.

Jetzt sah er sie schuldbewusst an und wich dann ihrem Blick aus. »Hm, eigentlich ist es nichts. Du erinnerst dich doch an die Poolparty von Agnes und Fred vor ein paar Wochen?«

Svenja nickte. Sie erinnerte sich und eine Vorahnung sorgte

dafür, dass ihr Magen sich schmerzhaft verkrampfte.

»Na ja, einige hatten ihre Badesachen schon an, andere nicht. Du weißt, ich kam von der Arbeit und hatte nur schnell die Badehose eingepackt. Du bist an den Pool gegangen und ich wollte ins Bad, um mich umzuziehen. Deine Freundin Patricia war schon drin und hatte nicht abgeschlossen. Ich bin also voll reingeplatzt. Aber statt sich erschrocken wegzudrehen, hat sie sich mir präsentiert. Vollkommen nackt. Sie hat sich am Waschbecken aufgestützt, sodass ich von hinten zwischen ihre Beine sehen konnte, und hat mich gefragt, ob ich nicht reinkommen und ihr behilflich sein möchte. Ich bin sofort rückwärts raus, habe die Tür wieder zugemacht und gewartet, bis sie fertig war. Später am Pool hat sie mich dann abgepasst und gefragt, ob es mir gefallen hätte, mal wieder eine Muschi zu sehen, sie wisse, dass es bei uns nicht so liefe. Wenn ich Bedarf hätte, bräuchte ich mich nur zu melden. Ich hab ihr gesagt, dass ich mit unserer Beziehung sehr glücklich bin und nur deine Muschi brauche, da hat sie gelacht und ist beleidigt abgedampft. Ich hab es dir nicht erzählt, weil ich eure Freundschaft nicht zerstören wollte. Es war nichts passiert und dass es bei uns nicht mehr so läuft, war ja nicht falsch. Für mich ist die Frau gestorben, aber ich wollte keinen Unfrieden zwischen euch säen.« Arnold saß da wie ein Häufchen Elend und zuckte die Schultern. »War sicher auch nicht richtig«, gab er zu.

Svenja sah ihn minutenlang nur an und war nicht imstande, etwas zu ihm zu sagen. Die letzten Wochen zogen vor ihrem inneren Auge an ihr vorbei und plötzlich machte alles einen Sinn. Patricia hatte die ganze Zeit gegen Arnold gehetzt und Svenja praktisch dazu ermutigt, ihn zu betrügen. Nicht direkt, aber doch offensichtlich, wenn man es jetzt bedachte. All das hatte sie verpackt als gute Absichten einer besorgten Freundin, dabei hatte sie sich die ganze Zeit nur für die Abfuhr an Arnold rächen wollen.

Das Bewusstsein sickerte in Svenjas Verstand und als sie begriff, dass Patricia sie nur benutzt hatte und sie dadurch fast ihre Ehe aufs Spiel gesetzt hätte, brach sie in Tränen aus.

Arnold rückte näher zu ihr und nahm sie in den Arm. »Sieht so aus, als hätten wir uns da beide vertan, hm?«

Svenja nickte an seine Brust geschmiegt. Für sie stand fest, dass sie Patricia nach ihrer Rückkehr die Freundschaft kündigen würde. Zuerst aber würde sie die Tage in der Abgeschiedenheit nutzen, um sich ihrem Mann wieder anzunähern, der den perfekten Zeitpunkt für ihren Urlaub gewählt hatte.

Der harte WildnisFick

Cleo packte den Rucksack. Einen Rucksack! Allein die Tatsache, dass sie nicht ihre Hartschalenkoffer verwenden durfte, nervte sie schon. Das hässliche Teil hatte sie sich geliehen, weil sie so etwas überhaupt nicht besaß. Sie hielt sich an die selten blöde Packliste und streichelte ein letztes Mal wehmütig ihr Handy, bevor sie es für die nächsten beiden Tage ausschaltete und in der Nachttischschublade verstaute.

Ihr Chef hatte bei einer anderen Firma einmal an einer Survivaltour teilgenommen. Das hatte ihm so gut gefallen, dass er so etwas bei ihnen im Betrieb ebenfalls durchführen wollte. Er hatte ein extrem motivierendes Rundschreiben herausgegeben und allen Mitarbeitern erklärt, wie außergewöhnlich seine Erfahrungen dabei gewesen waren und dass es die Kollegen untereinander sicher extrem zusammenschweißen würde. Im Anhang gab es direkt eine Liste mit Terminen für die einzelnen Abteilungen.

Cleo hatte von Anfang an keine Lust gehabt auf dieses »Kasperltheater«, wie sie es nannte, und war daher heilfroh, dass der Trip ihrer Gruppe in den Zeitraum ihres längst gebuchten Urlaubs fiel. Schadenfroh hatte sie ihre Kolleginnen ausgelacht. Jetzt lachten die! Der Big Boss hatte entschieden, sie einfach mit einer anderen Abteilung mitzuschicken. Als wäre der Blödsinn nicht schon schlimm genug, würde sie jetzt mit den Trotteln vom Versand zwei Tage im Wald verbringen.

Ihre Kolleginnen hatten ihr berichtet, durch welche Hölle sie gegangen waren. Cecilia hatte beim Pinkeln ins Gebüsch versehentlich einen Frosch berührt und war seither regelrecht traumatisiert, was Cleo gut nachvollziehen konnte. Sie schüttelte sich beim Gedanken dran, einem Waldfrosch zu begegnen. Einziger Vorteil war, da waren sich die Mädels einig, dass alle an dem Wochenende zwei bis drei Kilo abgenommen hatten, weil es nichts Anständiges zu essen gab.

Auf der Autofahrt zum Treffpunkt dachte Cleo darüber nach, ob sie die Tatsache, dass sie jetzt mit fünf Männern unterwegs sein würde, nicht zu ihrem Vorteil nutzen konnte. Ihre Hoffnung wuchs, als sie auf den Waldparkplatz einbog und in dem dort wartenden Mann den Coach erkannte, der ihre Kolleginnen ebenfalls geführt hatte. Aus deren Erzählungen wusste sie, dass der sportliche Fünfzigjährige mit der braun gebrannten, wettergegerbten Haut eine nach der anderen aus ihrer Gruppe massiv angebaggert hatte. Die Mädels unter sich hatten ihn logischerweise abblitzen lassen. Da Cleo aber allein hier war und es niemand jemals erfahren würde, entschied sie, auf seine Flirtversuche einzugehen, wenn es ihr helfen würde, hier entspannter durchzukommen. Schon bei der Begrüßung glotzte er ihr dreist auf den Busen und sie war froh, unter dem Sommertop keinen BH angezogen zu haben. Sie erklärte ihm ihrerseits, wie beeindruckend sie es fand, dass er sich in der Wildnis so gut auskannte, und wie glücklich sie war, einen erfahrenen Mann wie ihn bei sich zu wissen. Schon bei der

Verteilung des zu tragenden Equipments kam ihr dies scheinbar zugute, denn ihr Anteil war eindeutig geringer und leichter als das, was er den Jungs zuteilte.

Dann startete die Tour. Während des Marsches erfuhren sie von ihrem Guide John, was sicher nicht sein echter Name war, dass sie verschiedene Stationen anlaufen würden. Am Abend würden sie ihren sechzehn Kilometer entfernten Lagerplatz erreichen und dort die Shelter sowie ein Lagerfeuer errichten. Für den nächsten Tag war eine ähnlich weite Strecke geplant, um an anderen Stationen und am zweiten Rastplatz anzukommen. Am dritten Tag würden sie den Dreiecksparcour schließen und wieder am Startpunkt landen.

Cleo wurde allein beim Gedanken an die zurückzulegende Strecke übel und sie war heilfroh, dass es hier im Wald mit Shorts und Top trotz der Hitze angenehm war. An einer Gruppe umgestürzter Bäume machten sie den ersten Halt und John erklärte die Grundlagen der Orientierung im Wald ohne Hilfsmittel. Cleo hörte ihm gar nicht zu, sie war zu sehr damit beschäftigt, ihn anzulächeln und ihm schöne Augen zu machen. Für sie war das alles ohnehin nicht wichtig, sie würde sich bis übermorgen an John halten und dann wäre dieser Albtraum schon wieder vorüber.

Sie wich ihm auch während des weiteren Weges nicht von der Seite und befragte ihn über sein Alter, ob er verheiratet sei und allerlei private Dinge, um ihm zu zeigen, dass sie sich für ihn interessierte.

Als das Gelände unwegsamer wurde, zeigte sich, dass sie damit Erfolg hatte. Sie mussten eine Anhöhe hinaufsteigen, was Cleo mit ihren Turnschuhen im Laub nicht leichtfiel. Sofort war John zur Stelle, reichte ihr von oben eine Hand und zog sie dann das letzte Stück hoch. Dort drückte er sie für einen Augenblick an sich, wobei seine zweite Hand an ihren Hintern wanderte, an dem er kurz kräftig zupackte. Normalerweise hätte sie ihm eine gefeuert, jetzt aber lächelte sie ihn schüchtern an und sagte nur: »Huch, John«, was ihm gut zu gefallen schien. Es animierte ihn zumindest so weit, dass er bei der nächsten Steigung hinter ihr blieb und von unten zwischen ihre Beine griff, um sie hinaufzubefördern. Hier behielt er seine Hand eindeutig länger als nötig und streichelte fordernd ihren Intimbereich. Cleo war sich sicher, dass man niemals auf diese Art jemandem eine Steigung hinaufhalf, ließ es aber erneut zu und kicherte nur mädchenhaft.

Der letzte Halt war an einer Lichtung. Dort war an einem Baum eine Zielscheibe angebracht und John zauberte aus seinem Gepäck einen Bogen und Pfeile hervor. Sie sollten sich im Bogenschießen versuchen! Cleo ließ den Jungs den Vortritt, genau wie auf alles andere war sie nicht sonderlich erpicht darauf, es zu testen. Die Männer aus der Versandabteilung hingegen tobten sich aus. John erklärte ihnen zunächst die korrekte Haltung, führte einen Schuss vor und beobachtete dann das wilde Treiben aus einiger Entfernung.

»Ich denke, die Herren sind dann so weit für einen kleinen Wettkampf. Wer am nächsten in die Mitte trifft, wird unser Sieger und darf mir im Lager bei den Essensvorbereitungen helfen, anstatt Holz für das Feuer zu sammeln oder zu schlagen.« Die Männer fingen an zu johlen.

»Allerdings möchte ich auch der Dame eine faire Chance geben und finde, sie sollte vorher auch ein, zwei Schüsse zur Übung haben«, ertönte über das Gebrüll der Männer hinweg seine Stimme.

John kam zu dem Baumstumpf, auf dem sie sich niedergelassen hatte, hielt ihr eine Hand entgegen, um ihr beim Aufstehen zu helfen, und ging dann mit ihr zum Abschusspunkt.

Er nahm Henrik den Bogen ab, stellte sich seitlich hinter Cleo und legte eine Hand auf ihre Hüfte. Sie standen mit dem

Rücken zu den Jungs und die sahen nicht, wie er an ihrem Oberschenkel hinauffuhr, um ihr Bein in die richtige Position zu bringen. Danach verharrte er mit seiner Hand in ihrem Schritt, packte sie dort und drückte ihren Po fest gegen seinen Unterleib. Mit der anderen Hand fasste er um ihren Oberkörper, brachte den Bogen vor sie und führte ihre Arme in die perfekte Stellung. Sein Mund war dicht an ihrem Ohr, als er flüsterte: »Passen Sie auf, dass Sie mit der Sehne nicht an Ihrem hübschen Nippel hängen bleiben. Das wäre schmerzhaft.«

Wie um ihr zu erklären, was er meinte, fuhr er kurz mit den Fingern über ihre jetzt harte Brustwarze, weil er hierbei ebenfalls sicher sein konnte, dass es niemand beobachten konnte. Währenddessen spürte sie seinen Penis, der steifer und größer wurde und gegen ihren Po drückte.

»Wobei ich Ihnen sofort Erste Hilfe leisten würde«, fügte er leise an, dann trat er von ihr zurück.

Die Kerle aus dem Versand tuschelten und kicherten, vermutlich wegen der Pose, in der sie mit John gestanden hatte. Cleo glaubte nicht, dass die Idioten etwas mitbekommen hatten. Trotzdem machte es sie sauer. Was bildeten diese Trottel sich ein? Voller Wut spannte sie die Sehne, zielte und schoss. Sirrend flog der Pfeil kerzengerade durch die Luft und traf. Genau ins Schwarze!

John ließ einen Kampfschrei hören, der an Wolfsgeheul erinnerte, und johlte: »Da haben wir ein Naturtalent!«

Cleo konnte es selbst kaum glauben, aber sie freute sich irrsinnig und hüpfte mit stolz in den Himmel gerecktem Bogen auf und ab. Sogar die Männer klatschten, zwar verhalten, aber anerkennend in die Hände.

Sie schoss weitere zwei Male und traf immer die Zielscheibe, zugegebenermaßen nicht mehr so perfekt wie beim ersten Schuss, aber dennoch stand sie am Ende eindeutig als Gewinnerin fest und musste zugeben, dass sie wahrlich Spaß dabei gehabt hatte.

Die Freude verging ihr allerdings, als sie im Lager in der Nähe eines Baches ankamen und sie begriff, worum es sich bei einem Shelter handelte. Sie hätte schon ungern in einem Zelt übernachtet, aber die aus Stöcken, Ästen und Planen errichtete Notunterkunft, die in ihrem Fall noch dazu dürftig ausfiel, weil sie zu ungeschickt war, behagte ihr überhaupt nicht. Sie breitete eine weitere Plane auf dem Boden ihres Verschlages aus. Dann erzitterte sie erneut bei dem Gedanken an all die Käfer und anderes Getier, das heute Nacht nur durch dieses dünne Material von ihrem Körper im Schlafsack getrennt unter ihr krabbeln würde. Der zweite Schock war das Wildkaninchen, das in Johns Falle saß. Er stellte es als ihr Abendessen vor und Cleo kämpfte bereits da mit dem Würgereiz. Übergeben musste sie sich dann, als er es vor aller Augen mit einem schnellen Schlag tötete und ihm danach das Fell abzog.

Die Jungs lachten einmal mehr, aber ihnen war ebenfalls anzusehen, dass sie bei diesem Anblick mit ihrem spärlichen Mageninhalt kämpften. John respektierte ihre Abneigung überraschenderweise und schickte sie zum Beerensammeln, anstatt den Hasen mit ihm auszunehmen.

Den Männern erklärte er, wie sie mit den simplen Werkzeugen, die im Lager vorhanden waren, Holz hacken sollten. Er ließ sie eine Menge herbeischaffen und als das Kaninchen letztlich gebraten war, waren alle so müde, dass sie sich nach dem Essen bald in ihre Shelter verzogen. Cleo hatte nur wenig gegessen und war fest davon überzeugt, dass außer John jeder hungrig geblieben war. Sie hatte es einfach nicht geschafft, das Fleisch zu essen, weil ihr immer das Bild vor Augen stand, wie dem Tier das Fell abgezogen wurde. So lag sie lange in ihrem Unterschlupf und fand keinen Schlaf. Sie hatte Angst, dass eine

Spinne oder ein Käfer zu ihr in den Schlafsack krabbeln könnte, und befürchtete, kein Auge zuzutun. Jetzt meldete sich zu allem Überfluss ihre Blase. Einige Minuten lang versuchte sie, es zu ignorieren, doch irgendwann gestand sie sich schweren Herzens ein, dass sie noch einmal aufstehen und pinkeln gehen müsste, bevor an Schlaf überhaupt zu denken war.

Leise, um niemanden zu wecken, stand sie auf und erschrak, als sie beim Blick in Johns Shelter in seine hellwachen Augen sah, die im Schein des Feuers aufblitzten. Sie ging zu ihm und vor seiner Unterkunft in die Hocke, um sich flüsternd unterhalten zu können.

»Können Sie nicht schlafen?«, wollte er wissen.

»Ich muss noch einmal zur Toilette, dann wird es schon gehen«, berichtete sie ihm.

»Nun, ich könnte Sie begleiten«, schlug er vor und klappte schon seinen Schlafsack auf.

Jetzt sah Cleo, dass er nur einen knappen Slip trug, in dem sich eine beachtliche Erektion abzeichnete.

»Oder Sie kommen danach einfach hierher zu mir«, meinte er, was seinen Schwanz größer werden ließ. »Ich könnte Sie sicher entspannen und müde machen«, fügte er grinsend an.

»Ich weiß nicht«, antwortete Cleo zögerlich und drehte sich dabei unbewusst in Richtung der Kollegen, die im Hintergrund erschöpft schliefen.

»Sie haben recht«, gab John zu. »Vermutlich wäre ich zu wild, um es hier heimlich zu tun.«

Cleo dachte kurz darüber nach. Er hatte sie nicht oft berührt heute, aber selbst diese wenigen Kontakte hatten genügt, um ihr genau diesen Eindruck zu vermitteln. Er war sicher kein sanfter, zärtlicher Liebhaber, sondern ein Mann, der sich nahm, was er wollte. Sofort hatte sie ein Bild im Kopf, wie John sie in seinem Shelter von hinten vögelte und dabei so laut war, dass er alle weckte. Ob die Jungs vom Versand dann nur tatenlos zusehen würden oder mitmachen wollten, spielte keine Rolle, denn es wäre sicher am Montag Gesprächsthema Nummer eins in der Firma. Nein, das war unmöglich. Trotzdem hoffte sie, dass sich eine Möglichkeit finden würde. Hatte sie den Flirt mit John zuvor nur als Mittel zum Zweck gesehen, um hier wenig tun zu müssen, so musste sie sich mittlerweile doch eingestehen, dass er ihr imponierte und sie sich liebend gern hart von ihm nehmen ließe.

»Vermutlich wäre es besser, wenn ich Sie morgen vor allen anderen wecke und Ihnen ein Stück den Bach aufwärts eine Stelle zeige, wo Sie in aller Ruhe Ihre Muschi waschen können. Natürlich müsste ich dann auf Sie aufpassen und könnte Ihnen direkt zur Hand gehen«, suchte John nach einer anderen Alternative. Offenbar erregte ihn die Vorstellung, denn während er darüber sprach, schob er eine Hand in seinen Slip und fing an, seinen Schwanz zu wichsen. »Bis dahin muss ich mich wohl mit der Vorstellung begnügen, wie Sie jetzt hinten in den Büschen die Hose runterziehen und sich mit gespreizten Beinen dort hinhocken. Mir würde es gefallen, wenn Sie sich dabei viel Zeit lassen und sich selbst auch ein bisschen guttun«, beendete er seinen Plan. Er streichelte sich weiter und beobachtete hierbei genau ihre Reaktion.

Cleo hatte nicht vor, es sich in den Büschen selbst zu besorgen, aber die Idee für den kommenden Morgen fand sie erregend und reizvoll. »Das klingt perfekt.« Sie lächelte ihn an, bevor sie sich erhob, und er drehte sich schnell weg, damit man nicht sehen konnte, was er da tat. Cleo sah dennoch für den Bruchteil einer Sekunde seinen dicken Schwanz, als er ihn herausholte um, wie er sagte, an sie zu »denken«. Das steigerte ihre Erregung um einiges. Unter Umständen würde sie jetzt doch ebenfalls an ihn »denken«. Denn, damit hatte er ohne Zweifel recht, nach einem Orgasmus könnte sie mit Sicherheit gut schlafen.

Cleo ging weiter in den Wald hinein, als sie dies sonst zum Pinkeln getan hätte. Der Mond war zwar nur eine dünne Sichel am Himmel, gab aber dennoch genügend Licht, um die Schemen der Hecken und Sträucher erahnen zu können. Als sie den Schein des Feuers nicht mehr sehen konnte und auch nichts aus dem Lager hörte, entschied Cleo, weit genug gegangen zu sein. Sie zog ihre Hose herunter und ging in die Knie. Zuerst entleerte sie ihre Blase, dann dachte sie an John.

John, der so hart zupacken konnte mit seinen starken Händen. John, der einen großen Steifen in der Hose hatte und sicher wusste, wie man damit umging. John, der jetzt in seinem Verschlag lag, genau diesen strammen Schwanz in der Hand hielt und dabei an sie dachte. John, der sie sicher hemmungslos von hinten rammeln würde, wenn sie ihn darum bat. Je mehr sie darüber nachdachte, umso heftiger streichelte sie sich. Bevor sie ihre Finger in sich gleiten ließ, drang ein geräuschvolles, ungewohntes Stöhnen aus ihrer Kehle. Sie erschrak selbst über das ungewöhnliche Geräusch, das hier in der absoluten Stille schrecklich laut klang. So ging das nicht. Sie würde noch ein paar Meter tiefer in den Wald laufen und sich dann komplett gehen lassen. Dazu zog sie ihre Hose nur bis an die Oberschenkel nach oben, sodass sie sich gerade damit fortbewegen konnte, dann ging sie, weiter mit der Hand im Schritt, langsam tiefer in das Dickicht. Der Mond war hinter einer dicken Wolke verschwunden und es war stockduster. Trotzdem hörte sie nicht auf, sich weiter zu streicheln, weil sie ihre Erregung nicht verlieren wollte.

Dann war da plötzlich nichts mehr. Beim nächsten vorsichtigen Schritt spürte sie keinen Boden unter ihrem Fuß und rutschte mit heruntergelassener Hose und der Hand zwischen ihren Schenkeln einen Abhang hinunter. Der Schock bewirkte, dass sie in dieser Haltung blieb, obwohl es sie daran hinderte, sich abzufangen. Sie zog die Beine an, was ihre Hose zwar weiter herunterrutschen ließ, aber ihren Körper vor den Schlägen schützte, die sie beim Aufprallen abbekam. Alles lief ab wie in Zeitlupe und sie war unfähig zu schreien oder ihren Fall abzubremsen. Sie schien diesen Hügel sogar immer schneller hinunterzukullern. Etliche Male stieß sie sich den Kopf und die Schultern, ihr nackter Hintern fühlte sich wund und zerschunden an. Der Mond zeigte sich kurz, was ihr allerdings auch nicht bei der Orientierung half, dann traf etwas hart ihren Kopf und es wurde komplett schwarz …

Als Cleo die Augen wieder aufschlug, konnte sie nicht sagen, ob und wie lange sie weggetreten gewesen war. Um sie herum war es nach wie vor dunkelste Nacht, die finsterer zu sein schien als alle Nächte, die sie in ihrem Leben zuvor erlebt hatte. Aber sie lag und raste nicht mehr unkontrolliert den Hang hinunter. Sie kam immer weiter zu sich und registrierte zuerst die Schmerzen im Kopf, danach die im Knie und zuletzt die an ihrem Hintern.

So eine Scheiße! Sie schien nicht ernsthaft verletzt, aber ihr taten alle Knochen weh, das Knie pochte verdächtig und der Schädel brummte. Mühsam zog sie ihre Hose nach oben – so sollte sie keiner finden. Dann blieb sie liegen und wartete, dass John und die Jungs angestürzt kamen, um sie zu retten. Doch nichts geschah. Wenigstens einer musste das doch gehört haben!

Dann raschelte es endlich neben ihr in den Blättern und sie schloss die Augen, um sich finden zu lassen. *Was, wenn das ein Tier ist?*, schoss es ihr plötzlich durch den Kopf und sie setzte sich abrupt auf, was eine erneute Schmerzwelle durch ihren Schädel jagte. Cleo kniff die Augen zusammen und versuchte etwas zu sehen, aber es war so dunkel, dass man höchstenfalls etwas erahnen konnte. Sie resignierte. Da war niemand und es würde scheinbar auch keiner kommen. Wenn sie zurück ins Lager wollte, war sie wohl auf sich allein gestellt. Mühsam quälte sie sich weiter hoch. Erst jetzt bemerkte sie, dass sie in einer dichten Hecke lag. Äste mit Dornen kratzten über ihre in den kurzen Sachen nackten Arme und Beine.

»Scheiße!«, fluchte sie und erneut raschelte es in ihrer Nähe. Doch ein Tier! Wie groß, war vom Geräusch schwer zu schätzen, aber sie musste raus aus diesem Dickicht! Ihr wurde bewusst, dass der Teil des Waldes, den sie mit John durchwandert hatten, im Vergleich zu dem, in dem sie hier gelandet war, eine Spazierstrecke war. Ihr kam der Gedanke, dass die ganze »Survivaltour« ein Fake war, um Büroleuten das Gefühl zu geben, durch die Wildnis zu streifen.

Sie wandte sich um. Sie musste nur diesen Hügel wieder hinaufklettern, sich dann rechts halten und wäre direkt im Lager. Aber hier war es zu steil und im Dunkeln mit kleinen tastenden Schritten würde sie ewig brauchen. Wenn sie sich einfach hier rechts hielt und wartete, bis das Gelände etwas flacher wurde, ginge es sicher schneller.

Langsam tastete sie sich voran. Irgendetwas krabbelte an ihrem Bein hinauf und sie schlug blind danach, während sie von Ekel geschüttelt wurde. Zumindest der Mond war auf ihrer Seite. Er kam hinter den Wolken hervor und sie sah etwas besser. Offenbar war das Gebüsch links nicht mehr so dicht, so wäre es vermutlich sinnvoll, wenn sie zuerst einmal hier entlanglief. Jetzt bereute sie, John nicht zugehört zu haben, als er ihnen erklärt hatte, wie man sich im Wald orientierte.

Immer wieder schlugen ihr Äste ins Gesicht und zerkratzten ihren Körper oder verfingen sich in ihren Haaren. Cleo ging daher dazu über, eine Hand vor sich ausgestreckt zu halten, um schneller gehen zu können, was mäßig gut funktionierte, bis sie über eine Wurzel stürzte. Mit Mühe fing sie sich ab, was dem ohnehin lädierten Knie aber nicht gefiel.

»Scheiße! Scheiße! Scheiße!« Zum ersten Mal stiegen ihr Tränen in die Augen.

So hatte das keinen Wert. Cleo tastete nach einem Baum und setzte sich an seinen Stamm gelehnt auf den Boden zwischen die Wurzeln. Sie würde hier abwarten müssen, bis es dämmerte. So hatte sie keine Chance, einzig die, sich den Hals zu brechen. Müde legte sie den Kopf nach hinten an den Stamm und stützte sich mit den Händen am Boden und angewinkelten Knien ab, um für einige Minuten die Augen zu schließen.

Als sie sie wieder öffnete, erkannte sie, dass sie eingedöst war und nur erwachte, weil etwas, das deutlich größer wirkte als ein Käfer, über ihr Bein huschte. Panisch sprang sie auf und stellte erfreut fest, dass es endlich heller wurde. Sie sah, dass der Weg hier links eindeutig der bessere war. Halleluja!

Gestärkt durch ihr Schläfchen und aufgeputscht durch die weit leichteren Gegebenheiten gab sie Gas. Sie hatte ausschließlich den Wunsch, endlich zurück ins Lager zu gelangen, und übersah dabei vollkommen, dass sie sich zielstrebig immer weiter davon entfernte.

Ein Blick nach unten zeigte ihr, dass sie sich ihr Knie übel aufgeschlagen hatte. Das Blut war mittlerweile getrocknet, was gut war, selbst wenn das Bein bei jeder Bewegung schmerzte. Ihr Ziel war klar und dafür biss sie die Zähne zusammen. John würde sie schon versorgen und abholen lassen, das war gewiss. Nicht geklärt war, wann sie ankommen würde, inzwischen kam ihr die zurückgelegte Strecke unverhältnismäßig lang vor und sie zweifelte an der Richtung. Ab jetzt würde sie sich rechts halten und schneller gehen. Je zügiger sie lief, umso mehr Durst bekam sie, blöderweise hatte sie natürlich nichts bei sich. Zusätzlich konnte sie überhaupt nicht einschätzen, wie spät es sein mochte.

Erst leise, dann immer lauter und dringlicher meldete sich eine fiese Stimme in ihrem Kopf, die nur wenig sagte: *verlaufen* oder *verirrt* und später immer nachdrücklicher *Du hast dich verlaufen und keiner wird dich finden*! Immer öfter stiegen heiße Tränen hoch und liefen ihr die Wangen hinunter, ohne dass sie sich die Mühe machte, stehen zu bleiben und sie wegzuwischen.

Letztlich stoppte Cleo doch und massierte mit beiden Daumen ihre Schläfen. *Lass dir was einfallen, du Dumme!*, meckerte die Stimme in ihrem Schädel und zum ersten Mal dachte sie nach, bevor sie weiterlief.

Was hatte John gesagt? Irgendetwas von Moos! Es wuchs wo? An der Wetterseite. Ja, ja, genau! Und welche war das? Völlig egal. Sie würde sich jetzt von Baum zu Baum voranarbeiten und immer in Richtung der bemoosten Seite halten, dann wäre sie irgendwann aus diesem verfluchten Wald heraus. Zumindest theoretisch.

Sie fühlte sich etwas besser, weil sie jetzt das Gefühl hatte, systematisch zu arbeiten, dennoch wurde der Durst immer drängender und die Stimme in ihrem Kopf verlangte eine Antwort auf die Frage, wie lange ein Mensch ohne Trinken überleben könne. Cleo konnte sie nicht beantworten und nach weiteren Minuten oder Stunden brannte es erneut in ihren Augen. Ihre Hoffnung schrumpfte zusammen und sie grübelte, wo sie sich etwas zu trinken organisieren könnte, da sah sie es. Zuerst nur schemenhaft, sodass sie nicht sicher war, ob ihr Verstand ihr nicht einen Streich spielte, doch je näher sie kam, umso deutlicher wurde die kleine Holzhütte.

Ihre Schritte wurden schneller, aber sie ermahnte sich selbst, sich nicht zu große Hoffnungen zu machen, dass sie hier mitten im Wald in einem Holzhäuschen jemanden antreffen würde. Dennoch ließ die Anspannung in ihren Muskeln automatisch nach. Sie würde endlich Unterstützung bekommen. Dann hörte sie ein Geräusch aus oder an der Hütte und beschleunigte nochmals. Da war jemand! Eindeutig kein Tier und nicht nur der Wald, sondern Laute eines geschäftigen Menschen.

Cleo erreichte die Hütte und klopfte so energisch an die Tür, dass sie sich sonst geschämt hätte.

Das erhoffte Wunder geschah und die Tür öffnete sich. Vor Cleo stand ein Mann, der weit älter schien als sie. Er war ungepflegt, mit einem dichten Vollbart, trug nur Unterhemd und Unterhose und starrte sie an, als wäre sie eine Erscheinung. Auf eine unheimliche Weise erinnerte er sie an jemanden, aber ihr fiel nicht ein, an wen. Für einen Moment dachte sie daran, wie sie mit ihren zerkratzten Armen, ihrem zerzausten Haar und dem blutigen Knie auf ihn wirken mochte. Trotzdem wollte sie nur erzählen, ihm sagen, was ihr passiert war und welch scheußliche Nacht sie im Wald verbracht hatte. Sie machte den Mund auf, holte tief Luft und fing haltlos an zu weinen. All die Anspannung und Angst löste sich und ließ sie förmlich zusammenbrechen. Sie hätte erwartet, dass der Mann sie in den Arm nahm, hereinbat und tröstete, doch er reagierte völlig anders. Er ließ sie zunächst einmal ausheulen und glotzte sie dabei nur weiter verständnislos an.

Nachdem sie sich halbwegs gefangen hatte, betrachtete sie ihn und versuchte, ihn einzuschätzen. Auf den ersten Blick wirkte er nicht wie der besorgte, vertrauenswürdige Mensch, den man sich in solch einer Situation wünschte, aber das musste ihr egal sein. »Ich … ich gehöre zu einer Gruppe und habe mich verlaufen. Ich bin schon seit Stunden allein im Wald unterwegs und so froh, Sie gefunden zu haben«, erklärte sie mit weiterhin zitternder Stimme.

»Mhm«, machte er teilnahmslos.

»Bitte! Ich habe solchen Durst und brauche Ihre Hilfe!« Cleo war nicht sicher, ob dieser komische Kauz überhaupt begriff, wie mitgenommen sie war, daher klang ihre Stimme jetzt leicht panisch.

Er schien unschlüssig, was er mit ihr machen sollte, und kratzte sich gleichzeitig mit einer Hand im Nacken und mit der anderen am Sack. »Jaaa, dann kommen Sie besser mal rein, Mädchen. Hm? Ich bin zwar nicht auf Besuch eingestellt, aber es wird schon gehen«, zeigte er endlich Menschlichkeit.

Cleo trat erleichtert ein und setzte sich auf den angebotenen Stuhl, während er in eine Hose schlüpfte und sich kurz entschuldigte, um ihr von draußen etwas zu trinken zu holen. Seine Abwesenheit gab ihr die Gelegenheit, sich in seiner Behausung umzusehen. Die Hütte war spärlich eingerichtet und duster. Es roch nach Männerschweiß und war insgesamt unordentlich. In diesem Raum hier befand sich ein Holztisch mit zwei Stühlen, eine Art Kochecke, in der ein Gaskocher und schmutziges Geschirr standen, und ein Bett. Neben der Tür, durch die sie hereingekommen waren, gab es noch eine weitere, hinter der sie etwas Ähnliches wie ein Badezimmer vermutete. Als Unterkunft für einen Mann sicher ausreichend, aber Cleo fühlte sich beengt und überhaupt nicht behaglich. Ob er hier immer lebte oder ein Spinner war, der hier nur seine Wochenenden verbrachte, konnte man nicht erkennen. Draußen hatte sie eine Feuerstelle und eine Leine mit Tierfellen gesehen, somit war er zumindest öfter hier. Aber es spielte letztlich keine Rolle, wie oft und wie lange er sich hier aufhielt – Hauptsache, er war heute hier.

Als er mit einer Feldflasche in der Hand zurückkehrte und sie ihr entgegenhielt, streckte Cleo sofort gierig die Finger danach aus. Bevor sie sie berühren konnte, zog er die Flasche wieder weg.

»Wir haben noch gar nicht über die Bezahlung gesprochen«, sagte er und sah sie dabei merkwürdig an.

Cleo traute ihren Ohren nicht! Was für ein Drecksack! Na, den Zahn würde sie ihm sofort ziehen! »Ich bin unterwegs mit einer Survivaltour, falls Ihnen das was sagt! Außerdem bin ich verloren gegangen! Glauben Sie im Ernst, ich hätte Geld dabei?« Ihre Stimme klang schrill und hysterisch, aber sie verstand nicht, was der Typ sich einbildete. Triumphierend sah sie ihn an.

»Jaaa, aber jetzt haben Sie Durst und später Hunger und hier gibt es die Sachen nicht im Supermarkt, Mädchen. Ich muss was dafür tun, wenn ich essen oder trinken will und finde, es ist nur gerecht, wenn Sie für Ihren Anteil auch etwas tun.«

Cleo rollte mit den Augen. So meinte er das! Seit sie die Flasche gesehen hatte, war ihr Durst noch größer und egal, was dieser schwachsinnige Einsiedler wollte, sie würde es tun. »Sagen Sie schon, was muss ich machen, um hier endlich was zu trinken zu kriegen?« Sie klang nicht mehr so wütend. Ein klein wenig sah sie sogar ein, dass er seine Vorräte nicht ohne Weiteres teilen wollte.

»Zunächst einmal wäre es schön, wenn Sie freundlicher wären. Schließlich wollen Sie etwas von mir.«

Cleo sparte sich einen zynischen Kommentar und wartete ab.

»Najaa, ich hab überlegt, wobei Sie mir hilfreich sein könnten. Ich denke, am sinnvollsten kümmern Sie sich um den hier, der ist arg vernachlässigt.« Er ließ seine Hosen herunter und setzte sich provokativ ihr gegenüber auf den zweiten Stuhl, dabei drehte er die auf dem Tisch stehende Flasche verlockend in seiner Hand.

Cleos Augen verengten sich zu Schlitzen und blitzten vor Wut und Entsetzen, als sie fragte: »Sie erwarten doch nicht allen Ernstes, dass ich Ihnen jetzt einen blase, damit ich etwas zu trinken bekomme?!«

Er zog ein überraschtes Gesicht. »Eigentlich dachte ich, Sie holen mir schön einen runter, aber wenn Sie es schon anbieten, wäre mir blasen eigentlich lieber, Mädchen.« Er grinste so boshaft, dass Cleo klar wurde, dass sie von ihm gar nichts bekommen würde, wenn sie sich weigerte.

Sie kochte innerlich vor Zorn, aber was blieb ihr übrig? Wenn sie ehrlich zu sich selbst war, hatte sie schon für weit geringere Gegenleistungen Schwänze von Männern gelutscht. Ein Blowjob, um sich vor dem Verdursten zu bewahren, war doch mal echtes Survivaltraining. Und sie würde es so perfekt erledigen, dass dem alten Perversling bis zum Abendessen die Eier pochten.

Cleo ging vor ihm auf die Knie und nahm seinen Penis zunächst nur in die Hand. Sie wollte ihm eine gute Show bieten, weil das die Sache sicher beschleunigen würde. Sie streckte den Po weit nach hinten heraus, während sie auf den Knien langsam ihr Gesicht seinem Schwanz näherbrachte. Er beobachtete sie dabei genau.

Als sie ihre Lippen zuerst behutsam um seine Eichel schloss, stöhnte er und streichelte unbeholfen ihren Hinterkopf. Cleo wunderte sich über diese fast zärtliche Berührung, aber schon nach wenigen Sekunden drückte er fordernder und zwang sie damit, seinen Steifen tiefer aufzunehmen und fest daran zu saugen.

»Das ist gut, Mädchen. So verdienst du dir dein Wasser ganz schnell«, lobte er sie erregt.

Cleo konzentrierte sich darauf, durch die Nase zu atmen und den Schwanz in ihrem Mund fest zu umschließen. So würde er im Handumdrehen kommen, hoffte sie. Dabei versuchte sie, so gut es ging, ihren Kopf zurückzuziehen, um ihn daran zu hindern, zu tief in ihren Rachen zu stoßen. Er näherte sich seinem Höhepunkt aber so schnell, dass er das nicht mehr zulassen wollte. Er packte sie mit beiden Händen am Hinterkopf, hob sein Becken dabei von der Sitzfläche und zwang sie so, ihn komplett zu schlucken. Cleo würgte und er stieß nochmals nach, dann drückte sie sich mit beiden Händen an seinen Oberschenkeln von ihm weg. In dem Moment, als sie es schaffte, ihn von sich zu drücken, stöhnte er schreiend auf und ergoss sich in ihr Gesicht und auf ihr Dekolleté. Cleo japste nach Luft und schluckte einiges von seinem Sperma.

»Kleine Wildkatze!«, lobte er und tätschelte dabei etwas zu fest ihre spermaverschmierte Wange. »Ich denke, jetzt hast du dir was zum Nachspülen mehr als verdient!« Er lachte und reichte ihr endlich die Feldflasche.

Cleo stillte gierig ihren Durst, während er sitzen blieb, sie betrachtete und sich dabei ein Grinsen nicht verkneifen konnte.

»Wie sieht es jetzt aus? Helfen Sie mir? Ich muss zurück zu meiner Gruppe. John sucht sicher schon nach mir. Davor wäre ich Ihnen allerdings dankbar, wenn Sie mir zeigen würden, wo ich mich sauber machen kann«, startete Cleo die Unterhaltung, die ihr so wichtig war. Sie musste endlich raus aus diesem Wald.

»Ich zeige Ihnen das Bad und sehe mir Ihr Bein an. Ich denke, es ist nichts Schlimmes, aber falls es noch geht und nötig sein sollte, würde ich es klammern. Reinigen sollte man die Wunde auf jeden Fall.«

Er ging nicht darauf ein, ob er sie hier wegbringen würde, und in Cleo wuchs die Angst, von einer Misere in die nächste geraten zu sein. Verirrt im Wald hatte sie sich schrecklich gefühlt, aber sie wollte ebenso nicht als Sexsklavin von diesem Waldschrat enden. Sein Angebot klang für den Augenblick in Ordnung und so folgte sie ihm, nachdem er seine Hose hochgezogen hatte, in den angrenzenden Raum. Es zeigte sich, dass die Bezeichnung »Badezimmer« hier die Übertreibung des

Jahrhunderts war. Es gab keine Toilette, bloß einen schlichten Holztisch, auf dem eine Waschschüssel stand. Drüber hing ein schmutziger Spiegel, der an den Rändern blind war. In einer Ecke lagerten etliche Kanister mit Wasser, in der anderen schon geleerte.

Er stellte die Schüssel auf den Fußboden und bat sie, auf dem Tischchen Platz zu nehmen. Dann kniete er sich vor sie, goss Wasser in die Schale und reinigte mit einem Lappen sorgfältig ihre Wunde. Dabei war er vorsichtig und Cleo fiel auf, dass sie sauber schon nur noch halb so wild aussah. Genauso checkte er die größten Kratzer an ihren Armen und einen tiefen an ihrem Oberschenkel. Dort blieb seine Hand eindeutig länger als nötig.

»Das sieht alles gut aus! Sind Sie schon hungrig?« Er erhob sich, stand jetzt zwischen ihren Beinen und strich über die Innenseite ihrer Schenkel. »Ich hätte da schon so eine Idee, wie Sie sich das Essen verdienen können, und danach machen wir uns auf den Weg zu Ihren Leuten.«

Cleo funkelte ihn an. Zwar hatte sie nicht damit gerechnet, dass er nach dem Blowjob schon zufrieden wäre, es aber dennoch gehofft. Überhaupt nicht erwartet hatte sie, dass er so schnell wieder so weit wäre. Dass er so ausgehungert zu sein schien, hatte durchaus seinen Reiz und wenigstens würde er sie danach zu John bringen.

Der Gedanke, dass er womöglich schon seit Monaten hier allein lebte und in dieser Zeit keine Frau gehabt hatte, machte sie an, aber zu leicht wollte sie es ihm nicht machen. »Und was wollen Sie?«, fragte sie deshalb in scharfem Ton.

»Na, Mädchen, ich will erst mal sehen, was du anzubieten hast, bevor ich das entscheide.« Er hob sie vom Tisch herunter und stellte sie davor ab. Dann ging er vor ihr in die Hocke und zog dabei ihre Hose nach unten, um sie danach erneut hochzuheben und wieder auf den Tisch zu setzen. Er drückte ihre Beine an den Schenkeln auseinander und betrachtete sie zunächst nur. Sein Verhalten und sein Blick gaben ihr erneut das Gefühl, als wäre es die erste Muschi, die er seit langer Zeit sehen durfte, und eine weitere Welle der Erregung durchfuhr sie. Ihm entging das nicht und er beugte sich augenblicklich nach vorn und leckte an ihr. Das tat er nicht voller Geilheit, wie sie es sonst von Männern kannte, sondern mit Genuss und Hingabe. Seine Zunge drang tief in sie und erkundete ihr Inneres, während er sein Gesicht immer wieder inmitten ihrer feuchten Schenkel rieb. Dabei stöhnte er behaglich.

Als er zwischen ihren Oberschenkeln auftauchte, war sein dichter Bart beschmiert mit ihrem Saft. »Genauso habe ich mir das vorgestellt, Mädchen. Bist eben doch eine kleine Wildkatze«, raunte er, als er ihr Shirt hochschob, um ihre Brüste ebenso ausgiebig zu kosten.

Er saugte und leckte über ihren kompletten Busen. Die ganze Zeit drückte der Steife in seiner Hose dabei gegen ihre feuchte, weit gespreizte Möse. Cleos Verlangen nach ihm wuchs, bis sie es kaum mehr ertragen konnte, dass er nicht endlich in sie drang. Ein winselndes Geräusch kam aus ihrer Kehle und sie drückte ihm ihren Unterleib stärker entgegen. Als hätte er darauf nur gewartet, zog er sich erfreut von ihr zurück. Geistesabwesend betrachtete er den feuchten Fleck, der sich im Schritt seiner Hose durch ihren Saft gebildet hatte, dann zog er sie nach unten, um seinen Schwanz freizulassen. Bei diesem Anblick wimmerte Cleo erneut.

Er packte sie in den Kniekehlen und drückte ihre Knie fast bis zu ihren Schultern nach oben. Allein das Wissen, wie tief er so in sie eindringen konnte, ließ Cleo erzittern. Doch er wartete ab und beobachtete, wie sie sich quälte. Dabei hielt er seine Eichel an ihrer Spalte angesetzt, bis ihr Stöhnen verzweifelt klang. Cleo war kurz davor, ihn anzubrüllen, dass er sie endlich ficken solle, da stieß er zu. So kam letztlich kein Befehl aus ihrem Mund, sondern nur ein spitzer Schrei. Sie war total überrascht, wie groß und hart er sich in ihr anfühlte.

Lang ließ er sie das Gefühl aber nicht auskosten. Kaum war er komplett in ihr, zog er ihn schon wieder heraus, um abermals tief in sie zu fahren. Immer und immer wieder stieß er so in sie und Cleo hatte das Gefühl, den Verstand zu verlieren. Wie konnte er so lange durchhalten, wenn er doch auf Entzug war? Sie rechnete ständig damit, dass er käme, sie selbst zumindest war kurz davor. Da entzog er sich ihr komplett, zog sie an sich und stellte sie hin. Er drehte sie um, sodass sie sich und ihn im Spiegel betrachten konnte. Dabei hielt er sie an einer Brust und zog mit der anderen Hand ihr Becken so nach hinten, dass er seinen Schwanz wieder in sie drücken konnte. So blieb er mit ihr stehen, bewegte sich kaum in ihr und sah selbst auf das Spiegelbild, das sie abgaben. Seine Hand wanderte hinauf bis zu ihrem Hals und er drückte sanft ihren Kopf nach hinten, leckte über ihre Wange, bevor er sie hart nach vorn zwang. Eine Hand hielt er weiter fest an ihrem Hals, die andere massierte jetzt ihren Kitzler, während er erneut brutal in sie stieß.

So umschlungen kam Cleo schnell zum Höhepunkt und brüllte, während er nicht aufhörte, sie zu bearbeiten, solange ihre Muschi vor Erregung zuckte. Der Orgasmus erschien ihr unerträglich, er endete nicht und steigerte sich, bis sie fühlte, wie er sich entlud und heißer Saft aus ihr auf ihn gespritzt wurde.

»So ist das gut, Mädchen. Lass dich gehen!«, grunzte er, blieb tief in ihr und stieß sie in kurzen Stößen, bis er sich weit in ihr ergoss.

Er hielt sie, bis sie sich beruhigt hatte und sein Schwanz vollständig erschlafft war. Dann erst zog er ihn aus ihr, was einen Schwall ihres Saftes auf den Fußboden laufen ließ. Cleos Beine zitterten und sie war kaum imstande zu stehen, als er von ihr zurücktrat. Sie hielt sich an dem Tischchen fest und blieb einen Augenblick dort.

Als sie keine Angst mehr hatte umzufallen, hob sie ihre Hose auf und zog sich an. Er hatte den Raum schon verlassen. Sie lief ihm nach und sah, dass er dabei war, vor dem Haus ein Feuer zu machen. Von irgendwoher holte er ein Kaninchen, von dem das Fell schon abgezogen war. In aller Seelenruhe fing er an, eine Mahlzeit für sie zuzubereiten.

Sie wusste nicht, wie sie jetzt mit ihm umgehen sollte, versuchte aber dennoch, eine Unterhaltung zu starten. »Wie heißen Sie eigentlich?«, fragte sie vorsichtig und vermied, darauf einzugehen, was passiert war.

»Jakob«, antwortete er, ohne vom Feuer aufzusehen, in dem er mit einem Stock herumstocherte.

»Ich bin Cleo«, erwiderte sie freundlich, ging auf ihn zu und streckte ihm eine Hand entgegen.

Er ignorierte die angebotene Hand und brummte nur: »Ich bleibe bei Wildkatze.«

Cleo schüttelte stirnrunzelnd den Kopf, sie wurde aus dem Mann nicht schlau. Hauptsache, er würde ihr helfen und sie zurück in die Zivilisation bringen.

Dieses Mal aß sie mehr von dem Kaninchenfleisch – nicht, weil es ihr besser schmeckte, aber ihr Hunger war so groß, dass es ihr egal war. Etliche Male versuchte sie, Jakob in ein Gespräch zu verwickeln, aber er antwortete immer nur kurz und mürrisch, daher blieben sie großteils schweigsam.

Einige Minuten nach dem Essen fragte sie dann erwartungsvoll: »Starten wir bald?«

»Nö, für heute ist es zu spät. Ich würde es nie vor der Dunkelheit zurückschaffen«, gab er nur teilnahmslos zurück.

Cleo platzte der Kragen. »Und wann wollten Sie mir das mitteilen?«, brüllte sie ihn an. Sie war aufgesprungen und hatte die Hände zu Fäusten geballt. »Dann laufe ich eben allein!«, meinte sie trotzig.

»Okay, und in welche Richtung?«, fragte er gelassen. Er hatte sich eine Zigarette gedreht und rauchte in aller Gemütlichkeit, während er sie belustigt ansah. »Sie kommen nirgendwohin und tun sich nur wieder weh. Ich verspreche, morgen brechen wir ganz früh auf und Sie kommen zu Ihrem tollen John.«

Cleo stutzte, hatte sie ihm gegenüber John überhaupt schon erwähnt? Vermutlich ja, und es war letztlich egal, denn der Penner würde sie heute nicht mehr zurückbringen und sie musste eine weitere Nacht hier in der Wildnis verbringen. Sie war wütend und wusste nicht, was sie tun sollte.

Unschlüssig stand sie herum und funkelte Jakob böse an. »Wo werde ich schlafen?«, fragte sie dann pampig. Ihr fiel sonst nichts ein, sie war seinem Willen ausgeliefert, wie ihr schmerzlich bewusst wurde.

Er grinste, als hätte er nur auf dieses Bewusstsein gewartet. »Natürlich bei mir«, gab er ihr zu verstehen.

***

Am Abend kroch sie widerwillig zu ihm ins Bett, aber noch immer sah sie es so, als hätte sie gar keine andere Wahl, wenn sie durchkommen wollte.

In dieser Nacht weckte er sie zweimal, um mit ihr zu schlafen, und beide Male ging es gnädigerweise schnell. Für Cleo hatte die Situation ihren Reiz verloren, sie fügte sich dem Unvermeidlichen nur, um nicht auf dem Fußboden übernachten zu müssen.

***

Am nächsten Morgen erwachte sie gerädert und war überrascht, ihn schon auf den Beinen zu sehen. »Warum haben Sie mich nicht geweckt?«, fragte sie mürrisch.

»Ich dachte, nach der heißen Nacht haben Sie sich Ihren Schönheitsschlaf verdient«, meinte er fröhlich und lächelte sie zweideutig an. »Ich werde mich jetzt frisch machen, damit eine gewisse Person ihr Frühstück bei mir abarbeiten kann!«, trällerte er, während er ins Bad verschwand.

Die Tür ließ er offen. Cleo kochte vor Wut. Sie überlegte, wie sie ihn verletzen könnte, aber Hunger hatte sie schon wieder, da hatte er recht.

»Ich war mit einer Gruppe unterwegs und man sucht bereits nach mir. Denken Sie daran auch? Dann können Sie Ihr perverses Spielchen wieder allein spielen!«, schimpfte sie kurz darauf in Richtung der offenen Tür. Ihr kam es vor, als wollte er den Aufbruch erneut verzögern.

»Machen Sie sich da nicht zu große Hoffnungen, Mädchen. Ich habe meinen Bruder direkt angerufen, als Sie bei mir reingeschneit sind. Er hat Ihren Kollegen erklärt, dass Sie in der Nacht aufgegeben und sich haben abholen lassen. Sie sucht keine Sau und sobald er Ihre Kollegen abgeliefert hat, wird er zu uns beiden stoßen.«

Seine Worte machten für Sekunden keinen Sinn in ihrem Kopf. Aber als er frisch rasiert und ohne seinen Vollbart vor ihr stand, sah sie selbst die unheimliche Ähnlichkeit mit John und ihr wurde bewusst, dass sie so schnell nicht von hier wegkommen würde.

Der versaute Nachbarssohn

Judith stand mit einer Tasse Kaffee in ihrer Küche und blickte durchs Fenster auf die sonnenüberflutete Nachbarschaft. Sie fühlte sich ausgeglichen und das wundervolle Wetter tat seinen Teil dazu.

Gestern war sie am Abend in eine Bar zum Trinken und Tanzen gegangen und in männlicher Begleitung zurückgekehrt. Sie hatte befriedigenden Sex gehabt und jetzt, um acht Uhr morgens, war er schon mit einer fadenscheinigen Ausrede verschwunden. Judith glaubte ihm kein Wort und tippte eher darauf, dass er in Wahrheit verheiratet war und daher im Morgengrauen nach Hause musste. Auch, dass er sich melden würde, war sicher gelogen, aber Judith konnte es nur recht sein. Der Sex war heiß gewesen und sie hatte mehrere Orgasmen bekommen, wobei das nicht sein Verdienst gewesen war. Die Größe seines Pimmels war ebenso dürftig wie seine sexuellen Eingebungen und so hatte sie irgendwann im Verlauf der Nacht gefrustet ihr größtes Sextoy aus dem Schrank geholt, den monströsen Dildo auf dem Fußboden angesaugt und ihn vor seinen Augen geritten. Zur Belohnung hatte er sie mit einem großen Schwall Sperma bespritzt und sie einige Zeit später dank der Bilder in seinem Kopf so heftig gefickt, dass sie nochmals einen Höhepunkt hatte. Glücklicherweise war sie mit ihren über fünfzig Jahren so erfahren, dass sie sich in einem solchen Fall mit ihrem großen Fundus an Sexspielzeug zu helfen wusste. Auf eine Wiederholung war sie aber sicher nicht scharf.

Judith war nie verheiratet und immer sexuell offen gewesen, was es ihr meist schwer machte, entsprechende Sexualpartner zu finden. Den Männern in ihrem Alter gefiel sie, weil sie sich sexy kleidete und jünger aussah. Viele waren aber so verklemmt, dass sie mit ihrer Erfahrung überfordert waren.

In dem Moment, als sie den Kopf über die Männer ihrer Generation schüttelte, fiel ihr der Wagen des Nachbarn drei Häuser weiter auf, der in der Einfahrt stand. Sie würde ihren Kaffee austrinken und direkt zu den Meinrads hinübergehen. Scheinbar hatte Herr Meinrad Urlaub und sie wollte ihn um Hilfe bitten. Er war Inhaber einer Elektrofirma und ihre dimmbare Deckenleuchte im Bad war defekt. Seit zwei Tagen lebte sie mit der spärlichen Beleuchtung, weil sich das Licht nicht mehr verstärken ließ.

Judith stellte sich darauf ein, dass Herr Meinrad nicht begeistert sein würde, an seinem freien Tag zu arbeiten, trotzdem hoffte sie, ihn überreden zu können.

Nachdem sie geklingelt hatte, öffnete seine Frau die Tür. Judith lebte seit langer Zeit neben der Familie und mochte sie. Man unterhielt sich, wenn man sich zufällig auf der Straße begegnete, aber viel hatten sie nicht gemeinsam. Obwohl Frau Meinrad einige Jahre jünger war, stellte sie ein typisches Hausmütterchen dar und betrachtete jetzt missbilligend Judith in ihrem Minikleid mit Zebramuster.

»Huhu, Frau Meinrad! Ist Ihr Mann wohl auch zu sprechen?«, flötete die und beobachtete dabei genau den skeptischen Blick, der kurz über das Gesicht ihrer Nachbarin huschte.

»Ja, ich hole ihn«, war die knappe Antwort und Judith war sich sicher, dass Frau Meinrad das Gespräch zwischen ihr und ihrem Mann misstrauisch belauschen würde.

Als er an der Tür erschien, wirkte er nicht so offen wie sonst – wahrscheinlich hatte ihm seine Frau schon eingebläut, zu allem Nein zu sagen.

Judith erklärte ihm mit wenigen Worten ihr Problem und war dann kaum überrascht, als er sich entschuldigte, um kurz mit seiner Frau darüber zu reden.

»Da sieht es bei mir schlecht aus«, meinte er einige Sekunden später, »aber ich würde den Jonas mal rüberschicken. Der hat seine Ausbildung beendet und sollte das auch hinkriegen«, fiel ihm ein.

Jonas war der neunzehnjährige Sohn der Meinrads und Judith nickte begeistert. Ihr war vollkommen egal, wer sich die Beleuchtung in ihrem Bad ansah, Hauptsache es funktionierte am Ende alles wieder.

Während der paar Schritte nach Hause schmunzelte sie über das merkwürdige Verhalten verheirateter Menschen und war einmal mehr froh, nicht zu einem solchen geworden zu sein.

Sie machte sich an die Arbeit im Homeoffice und freute sich, als der junge Mann schon eine halbe Stunde später in Badeshorts und Trägershirt vor ihrer Tür stand.

»Oh weh, Jonas, ich hoffe, ich halte dich nicht vom Badengehen ab?«, fragte sie bestürzt beim Anblick seines Outfits.

»Alles gut, Frau Lehmann, die Jungs holen mich erst später ab. Ich hab mich nur schon umgezogen, damit ich dann auch fertig bin.« Er strahlte sie an und folgte ihr.

Im Bad betätigte er den Lichtschalter, drehte mehrfach daran und machte dann ein zerknirschtes Gesicht. »Leider kann ich nicht sagen, ob nur der Schalter defekt ist oder die Elektronik der Lampe«, gab er zu. »Sicher ist es aber nur eins von beiden und es wäre schade, wenn ich alles bestelle und etwas austausche, was im Grunde noch funktioniert.« Er überlegte kurz und Judith wartete ab. »Haben Sie irgendwo noch so eine Leuchte?«, wollte er dann wissen.

»Ja, im Schlafzimmer«, beantwortete sie seine Frage.

Jonas erklärte: »Super, dann würde ich den Schalter dort eben aus- und hier im Bad einbauen und wir wissen sofort, was nicht funktioniert.«

Judith verstand. Sie deutete ihm den Weg zum Schlafzimmer und ließ ihn allein weitergehen, weil er bat: »Würden Sie bitte die Sicherung der beiden Räume rausmachen?«

»Sind beide raus!«, rief sie ihm zu, als sie dies am Sicherungskasten erledigt hatte, bekam aber keine Antwort.

Lächelnd betrat sie kurz darauf das Schlafzimmer und das Blut gefror ihr in den Adern. Der Junge stand da und starrte mit weit aufgerissenen Augen auf den Dildo, der senkrecht vor ihrem Bett am Boden befestigt war. Sie hatte ihn gereinigt und danach vergessen! »Oh Gott, Jonas!«, entfuhr es ihr, dann begann sie, verlegen herumzustammeln. »Das war keine Absicht! Ich hab nicht mehr an ihn gedacht!«

Automatisch richtete sie den Blick auf Jonas' Shorts und sah, dass ihn der Anblick erregte. Ihr hingegen war die Situation so peinlich, dass sie das Erste sagte, was ihr durch den Kopf ging. »Du willst damit sicher schnell nach Hause?« Zu allem Überfluss deutete sie dabei auf seine durch die Erektion ausgebeulte Hose, was den Jungen feuerrot anlaufen ließ. Hätte Judith es einfach ignoriert, wäre sicher alles anders gelaufen. So aber nickte Jonas nur heftig und verließ eiligst ihr Haus.

Judith fragte sich, ob er zu Hause direkt in sein Zimmer stürzte, um sich mit Gedanken an sie Erleichterung zu verschaffen. So ein junger Kerl brauchte sicher nicht lange, um bei der Vorstellung einer Frau, die es sich mit einem Dildo besorgte, zu kommen.

Sie selbst erregte die Fantasie, dass er sich ihretwegen selbst befriedigte, so immens, dass sie nochmals auf ihrem strammen Helfer Platz nahm, um das Gleiche zu tun.

Als sie ihn diesmal sicher im Schrank verstaute, konnte sie schon wieder über die ganze Sache lachen. Ein klein wenig bereute sie, dass sie die Situation nicht besser genutzt hatte und sich jetzt wohl oder übel jemand anderen für ihr Beleuchtungsproblem suchen musste. Das würde sie morgen in Angriff nehmen. Heute wollte sie einkaufen und danach diesen verrückten Tag entspannt ausklingen lassen.

Sie beendete ihre Arbeit und fuhr dann los, um Lebensmittel zu besorgen.

Als sie zurückkehrte, stand Jonas mit einem Freund an der Straßenecke und unterhielt sich mit ihm. Die leicht gerötete Haut der Jungen verriet, dass sie den Tag im Freibad verbracht hatten.

Judith stieg aus, grüßte lächelnd in Richtung der beiden und freute sich, als Jonas zurückgrüßte. Seine Wangen erröteten zwar noch ein klein wenig mehr, aber er schien den Zwischenfall gut verkraftet zu haben. Das erleichterte sie, schließlich hatte sie ihn nicht schockieren wollen.

»Alter! Guck! Geiler Arsch!«, glaubte sie jetzt leise zu hören, als sie den Korb mit den Einkäufen aus dem Kofferraum hob. Tatsächlich sahen die beiden zu ihr rüber, als sie den Korb auf dem Gehweg abstellte, um noch die Getränkekiste herauszuheben.

Den Rest der Unterhaltung verstand sie wieder nicht, aber keine dreißig Sekunden später verabschiedete sich der Freund und Jonas kam zu ihr.

»Wenn Sie wollen, helfe ich Ihnen, das reinzutragen, und sehe dann noch nach Ihrer Beleuchtung«, bot er überraschend an.

Damit hatte Judith nicht gerechnet und sie fragte sich, ob die Reaktion seines Kumpels Jonas dazu bewogen hatte. Begeistert stimmte sie zu, nachdem ein Blick in die Einfahrt ihr gezeigt hatte, dass seine Eltern unterwegs waren und sich somit nicht wundern würden, wenn er noch einmal zu ihr ging.

Jonas arbeitete schnell und als Judith zu ihm stieß, nachdem sie ihre Einkäufe aufgeräumt hatte, verkündete er ihr schon, dass der Schalter schuld war. Er zeigte ihr, dass die Lampe mit dem Dimmschalter aus dem Schlafzimmer einwandfrei funktionierte, versprach, einen Neuen zu bestellen und ihr diesen zu montieren.

Judith kam ein Gedanke und sie sprach ihn aus, bevor ihr bewusst wurde, wie das klang. »Dann mach solang den kaputten in den Schlafraum, dort darf es ruhig schummerig sein!«

Diesmal bekam sie die roten Wangen. So hatte sie das nicht sagen wollen! Was musste der Junge nur von ihr denken?

Jonas äußerte sich nicht und sie folgte ihm ins Schlafzimmer, wo er ihrer Bitte nachkommen und den Schalter montieren wollte. Dabei überlegte sie fieberhaft, was sie jetzt sagen könnte, um die Situation zu entschärfen.

»Ich hoffe, ich war nicht zu direkt, als ich heute Morgen deinen Ständer angesprochen habe?«, rutschte ihr der nächste Satz heraus, den sie in der Sekunde darauf bereute.

Was war denn nur mit ihr los? Weshalb wurde sie in Gegenwart dieses Burschen so konfus? »Herrgott! Ich wollte mich einfach für heute Früh entschuldigen!«, geriet sie aus der Fassung, weil alles wie eine Anmache klang, was sie von sich gab.

Jonas, der vor dem Lichtschalter gekniet hatte, erhob sich, und erst da nahm sie wahr, dass er fast einen Kopf größer als sie und breitschultrig war. Jetzt, wo er so vor ihr stand, wirkte er überhaupt nicht wie ein Junge, sondern wie ein Mann.

»Und dir sagen, dass das ganz natürlich ist und kein Grund, sich zu schämen«, fügte sie wieder entspannter an.

Jonas nickte schweigsam und wurde erneut rot. Der kurze Blick, den sie auf seine Shorts warf, zeigte ihr, wieso. Abermals spannte sich der Stoff in seinem Schritt, weil er scheinbar von ihrem Gerede erregt wurde. Sie war eben nicht gut darin, sich zu entschuldigen oder solche Dinge zu erklären, stellte sie fest. Ein leises, kurzes Stöhnen entwich ihm und Judith realisierte, dass sie gegen den Drang ankämpfte, sich sofort an ihn zu pressen. Sich um einen erregten Mann mit einem Steifen zu kümmern, darin war sie gut, sehr gut sogar!

Ohne weiteren Bedenken Raum zu lassen, griff sie zu. Sie streichelte Jonas' Glied durch den dünnen Stoff der Hose und war sofort begeistert von der Härte und Größe. Der Junge war diesbezüglich reich beschenkt worden.

»Es ist wirklich ganz normal und natürlich«, wiederholte sie ihre letzte Aussage und fuhr dabei von oben in seine Hose. Jonas wimmerte gequält. »Du hast doch schon einmal mit einem

Mädchen geschlafen?«, versicherte sie sich vorsichtshalber, als sie sanft anfing, seinen Penis zu massieren.

»Ja«, gestand er zaghaft, während er in ihre Hand stieß.

»Du musst dich jetzt ein bisschen beruhigen«, ermahnte sie ihn und drückte mit dem Daumen auf seine Eichel, um seinen Drang, abzuspritzen, zu stoppen. Sie musste ihn etwas bremsen, sonst würde es ein kurzes Vergnügen werden und sie hätte wenig davon.

Nachdem er nickte und sein Atem sich merklich beruhigte, ließ sie von ihm ab und begann, sich auszuziehen. Sie hatte nicht mehr den Körper eines Mädchens in Jonas' Alter und war sich dessen bewusst, er hingegen womöglich nicht. Judith wollte, dass er sofort sah, worauf er sich hier einließ. Während sie aus ihrem Kleid stieg, beobachtete Jonas sie fasziniert. Als sie auch den BH abgelegt hatte, schien er sich zu besinnen und fing an, sich ebenso zu entkleiden. Judith überlegte kurz, ob er so beeindruckt gewesen war, weil der Sex mit neunzehn meist halb bekleidet stattfand, dann riss sie aber der Anblick seines nackten Körpers aus ihren Gedanken. Sie konnte sich nicht erinnern, wann sie das letzte Mal einen solch durchtrainierten Partner im Bett gehabt hatte. Er reagierte nicht negativ auf ihren Körper, ganz im Gegenteil: Sein Schwanz stand steil empor und sah verlockend aus.

Judith ging vor ihm in die Knie. Während sie seinen Penis genüsslich lutschte und mit der Zunge erkundete, starrte Jonas sie an, als könnte er nicht glauben, dass ihm das passierte. Schnell fing er wieder an zu stoßen, und erneut musste Judith abbrechen, damit er nicht zu früh kam. Nochmals drückte sie mit dem Daumen seine Eichel, bis er sich beruhigte. Sie nahm an, dass er nie zuvor einen Blowjob bekommen hatte, und wünschte, sie könnte es bis zum Ende tun, um seinen zuckenden Körper unter ihren Händen zu fühlen, während er seinen Saft in ihren Mund spritzte. Doch sie wollte ihn unbedingt in sich spüren. Also legte sie sich aufs Bett, spreizte vorsichtig die Beine und lockte ihn mit dem Zeigefinger zu sich. Mit eben diesem Finger deutete sie danach unmissverständlich auf ihre Muschi, um ihm den Weg zu weisen.

Jonas wirkte nach wie vor wie in Trance, aber sein Prügel stand unbeirrbar stramm. Er kniete sich zwischen ihre angewinkelten Beine und schien unsicher, was er tun sollte.

»Dring in mich ein, aber langsam! Wenn es dir zu viel wird, stopp lieber kurz und kreise etwas mit deinem Becken. Ich habe gehört, das hilft«, ließ ihn Judith liebevoll wissen. Sie nahm seinen Steifen in die Hand und führte ihn sanft an die richtige Stelle.

»Oh Mann, ist das geil!«, stöhnte der Junge schon jetzt und Judith war nicht sicher, ob er lange durchhalten würde.

Er drückte seine Kappe in sie und sofort wurde sein Atem lauter. Ein kleines Stück weiter und er tat, was sie ihm geraten hatte. Die rotierende Bewegung und dazu der große Umfang seines Gliedes gaben ihr das Gefühl, dass er ihr Inneres dehnte, was extrem erregend war.

»Langsam«, mahnte sie erneut, umschlang ihn dann aber mit den Beinen und drückte ihn komplett in sich.

Jonas' Augen wurden groß, er stöhnte geplagt und hielt trotzdem aus. Judith presste ihre Fersen in seine angespannten Arschbacken und zwang ihn so, tief in ihr zu bleiben. Währenddessen rieb sie ihren Kitzler an ihm, spürte seine Hoden an ihrem Arsch und genoss dieses unglaubliche Gefühl, von seinem Steifen vollkommen ausgefüllt zu sein.

Als sie kurz vor dem Höhepunkt war, entschied sie, dass es genügte. Sie wollte seine ungezügelte, jugendliche Ekstase. Jetzt! Judith entließ ihn aus der Umklammerung ihrer Beine und flüsterte ihm ins Ohr, während sie ihre Brüste gegen ihn presste: »Fick mich jetzt!«

Allein, diese Worte aus ihrem Mund zu hören, brachte Jonas dazu, vollkommen die Kontrolle über sich zu verlieren. Er lag auf ihr und hämmerte immer wieder brutal seinen Kolben in ihre mittlerweile durch ihren Orgasmus zuckende Muschi. Judith merkte in letzter Sekunde, dass er ebenfalls kurz vor dem Höhepunkt war, und schaffte es eben noch, ihn fest mit beiden Händen am Arsch zu packen, bevor er seinen Schwanz aus ihr ziehen konnte. Für sie war der süße Schmerz, als sein Sperma so tief in sie gespritzt wurde, der krönende Abschluss ihrer Vereinigung. Dann erst ließ sie ihn los und er rollte sich zunächst erschöpft neben sie.

Eine Weile lag er so, dann kam er dichter zu ihr, legte seinen Kopf auf ihren nackten Busen und spielte gedankenverloren mit den Fingern zwischen ihren Schamlippen, aus denen allmählich sein Saft rann.

Judith kostete einige Augenblicke diese innige Zweisamkeit aus, dann sprach sie aus, was ihrer Meinung nach dringend gesagt werden musste. »Ich denke, dir ist klar, dass das eine einmalige Sache war und nie mehr passieren darf?«, fragte sie.

Jonas nickte, dann schob er aber zwei seiner Finger tief in ihre Spalte und wollte wissen: »Ich hoffe, Sie meinen heute einmalig und dass morgen nichts mehr zwischen uns ist, denn ich wäre bereit für eine Zugabe!« Er grinste jungenhaft frech und sein Penis, der zuvor reglos auf ihrem Oberschenkel gelegen hatte, richtete sich wieder leicht auf.

Ein Schauer der Erregung lief durch Judith, als er zart an ihrem Nippel saugte. Sie zögerte dennoch, selbst wenn seine Zügellosigkeit ihr imponierte. Sendete sie ihm nicht ein völlig falsches Signal, falls sie ihn jetzt noch einmal ranließ? Andererseits hatte er recht, heute war heute und morgen war morgen, und ob sie je wieder so einen potenten Jüngling in ihrem Bett haben würde, war fraglich. Sie zog Jonas an sich und beantwortete damit seine Frage wortlos, küsste ihn und hatte Vergnügen daran, dass er sich an ihr rieb, bis sein Glied erneut komplett steif war.

Diesmal drang er, ohne zu zögern, in sie ein und Judith genoss es in vollen Zügen. Sie spreizte die Schenkel weit für ihn und massierte dabei ihren Kitzler. Jonas' Aufregung schien verflogen und er wirkte nicht, als ob er bald käme. Er hatte sich auf seinen Armen hochgestemmt und betrachtete angeregt, wie sein Schwanz immer wieder in ihr verschwand.

»Gefällt es dir, dabei zuzusehen?«, wollte Judith wissen.

Jonas errötete zart, nickte aber.

»Dann warte!«, bat sie und entzog sich dem neugierig Dreinblickenden. Sie ging vor ihm auf dem Bett auf alle viere. »Versuch es mal von hinten. Du siehst besser und kommst noch tiefer in mich«, bot sie an.

»Wie geil!«, war das Einzige, was er herausbrachte. Seine Hände zitterten leicht vor Erregung, als er sie an der Hüfte packte und versuchte, wieder einzudringen.

Judith griff mit einer Hand zwischen ihren Beinen nach hinten und half ihm erneut, indem sie ihn an die richtige Stelle dirigierte. Bei seinen ersten Stößen war er vorsichtig und holte jedes Mal weit aus. Immer wieder zog er seinen Steifen fast komplett aus ihr, um ihn dann erneut in sie zu rammen.

»Oh Fuck! Wie im Porno!«, stöhnte er plötzlich und sein Rhythmus beschleunigte sich.

Judith, die mit einem Finger ihren Kitzler bearbeitet hatte, erreichte schnell den Höhepunkt, weil die Begeisterung, mit der er sie vögelte, sie extrem anregte. Diese Hand schob sie jetzt weiter nach hinten, um v-förmig zwei Finger an ihre Spalte zu legen, sodass es sich für Jonas enger anfühlte, wenn er eindrang. Da veränderte sich sein Stöhnen vollkommen. Es klang nur geil und animalisch. Seine Hände umklammerten fest ihre Arschbacken und zogen sie auseinander, während er immer heftiger in sie fickte. Diesmal schaffte sie es nicht, ihn in sich zu halten, und er riss seinen Schwanz aus ihr, als er kam. Sein Sperma ergoss er auf ihren Hintern und den unteren Rücken, dabei stöhnte er triebhaft.

Als er sich etwas gefangen hatte, stand Judith sofort auf und verschwand ins Bad. Lieber hätte sie sich mit ihm zusammengekuschelt und auf eine weitere Zugabe gehofft, aber sie war die Erwachsene und musste jetzt vernünftig sein. Seine Veränderung beim zweiten Sex bewegte sie dazu, so zu handeln. Er war so ungehemmt gewesen und erschien ihr damit wie der perfekte Liebhaber, der bald alle ihre Gelüste befriedigen würde. Und das ging nicht! Sie würde sich sauber machen, dann zurückgehen und ihn sanft, aber ohne Umschweife nach Hause schicken, so leid es ihr tat.

Jonas lag nackt auf dem Bett und strahlte sie an, als sie den Raum betrat. Es brach ihr das Herz, sich anzuziehen und ihm mitzuteilen, dass er jetzt besser gehen sollte, während sie ihm seine Klamotten vom Fußboden zusammensuchte und reichte. Jonas zog sich schweigsam an. Er wirkte enttäuscht, nickte nachdenklich und ließ sich von ihr an die Haustüre bringen.

»Dann danke für alles, Jonas! Wir sehen uns, ja?«, verabschiedete sie sich, bemüht darum, kühl zu wirken.

Er zögerte kurz, als wollte er etwas sagen, schüttelte traurig den Kopf und hob flüchtig die Hand, während er ebenso knapp meinte: »Japp, man sieht sich.« Dann verschwand er in Richtung seines Elternhauses.

Judith blieb mit einem flauen Gefühl in der Magengegend zurück, welches sich erst im Verlauf der kommenden Tage allmählich legte. Sie achtete darauf, Jonas vorläufig nicht über den Weg zu laufen, und war umso überraschter, als es vier Tage später an ihrer Tür klingelte und ein strahlender Jonas davorstand.

Judith machte sofort ein mitleidiges Gesicht und holte Luft, um ihm die Situation nochmals zu erklären, da hob er die rechte Hand und winkte mit dem Lichtschalter.

»Das Teil ist da und ich würde ihn eben einbauen, wenn es passt«, erklärte er.

Judith fühlte sich wie eine Idiotin. Den Schalter hatte sie total vergessen! Sie bat ihn herein und er machte sich direkt an die Arbeit. Sie ließ ihn allein, weil sie nicht wusste, wie sie mit ihm umgehen sollte, und Zeit schinden wollte.

Nach wenigen Minuten rief er sie aber schon ins Schlafzimmer und führte ihr vor, dass alles wieder tadellos funktionierte.

»Wow, danke dir! Das hast du toll gemacht und so schnell! Was bekommst du von mir?«, lobte sie ihn überschwänglich, weil ihr nichts anderes einfiel. Sie ging in Richtung Küche, um ihren Geldbeutel zu holen, und plapperte dabei weiter: »Sonst alles gut bei dir?«

»Na ja, es ist da was passiert, worüber ich gern mit Ihnen reden wollte, wenn Sie noch ein bisschen Zeit haben. Ich weiß nicht, wem ich es sonst sagen soll!«, gestand er.

Judith hielt in der Bewegung inne, drehte sich aber nicht sofort wieder zu ihm um. Genau solch eine Situation hatte sie vermeiden wollen und die Vernunft riet ihr, eine Ausrede zu erfinden und ihn wegzuschicken. Ihr Herz hingegen beharrte darauf, dass sie den Jungen nicht abweisen konnte, weil sie mit ihm geschlafen hatte. Und unter Umständen könnte sie ihm in der Tat helfen. Sie atmete also tief durch, drehte sich um und sah ihn an. »Magst du ein Bier? Hast du dir redlich verdient nach der Arbeit. Dann setzen wir uns rüber und du erzählst, ja?«

Erst jetzt nahm sie wahr, dass er bedrückt aussah, und nachdem er nickte, holte sie ein Bier aus dem Kühlschrank und setzte sich mit ihm im Wohnzimmer auf das Sofa. Dabei achtete sie darauf, ihm mit genügend Abstand schräg gegenüberzusitzen, ohne dabei unhöflich zu wirken.

Jonas trank einige Schlucke und überlegte offensichtlich, wie er beginnen sollte. »Ich denke, ich habe etwas sehr Dummes gemacht«, fing er an und sah Judith dabei tief in die Augen.

Sie schüttelte kurz verständnislos den Kopf, um ihm anzuzeigen, dass sie das so nicht beurteilen konnte und er weiter berichten sollte.

Das tat er, blickte nun aber stur auf den Fußboden. »Gestern Nachmittag hab ich ein Mädel getroffen, das ich noch aus der Schule kannte. Wir mochten uns schon immer und seit ich bei Ihnen war, war ich ehrlich gesagt dauergeil. Ich habe sie also gefragt, ob sie ein bisschen mit mir rumfahren will. Wollte sie, und wir haben uns gut unterhalten. Nach einer Weile bin ich mit ihr auf den Waldparkplatz gefahren und wir hatten Glück, es war noch niemand da!«

Judith musste nicht fragen, wie das gemeint war. Der Parkplatz im Wald war berüchtigt dafür, dass meist junge Pärchen hier hielten, um »rumzumachen«. Es galt das ungeschriebene Gesetz, wenn man einfuhr und schon ein Wagen dort parkte, dass man aus Rücksichtnahme diskret wieder verschwand.

»Wir sind auf den Rücksitz, haben zuerst rumgeknutscht und sie hat mich ihre Titten anfassen lassen. Ich habe sie gefragt, ob sie Jungfrau ist, was sie verneinte. Also hab ich sie gefingert, bis sie feucht war. Ich war richtig spitz und hab sie gefragt, ob sie Bock hat zu poppen. Hatte sie, und ich habe ihr erklärt, dass sie ihn erst ein bisschen blasen muss, bevor wir loslegen. Ich habe das noch nie zuvor von einem Mädchen verlangt, aber es hat mir bei Ihnen so gut gefallen, ich wollte das wieder.«

Jonas wurde rot, warf ihr einen kurzen verlegenen Blick zu und trank einen großen Schluck von seinem Bier, dann fuhr er fort: »Sie hat das auch versucht, aber ganz ehrlich? Sie war mies! Sie hat an meinem Schwanz geleckt wie an einem Eis am Stiel und dabei das Gesicht verzogen, als wäre es das Ekligste, was sie je getan hat!«

Wieder machte er eine Pause, um zu trinken, und schüttelte frustriert den Kopf. Judith erinnerte sich daran, welches Verlangen der kräftige Steife in ihrem Mund bei ihr ausgelöst hatte und wie gierig sie sich auf ihn gestürzt hatte. Sie verstand, dass das vorsichtige Lecken eines jungen Mädchens ihn nicht zufriedengestellt hatte. Trotzdem wäre sie gern dabei gewesen, um zuzusehen und der Kleinen unter Umständen zu zeigen, wie es ging. Die Vorstellung erregte sie und sie rutschte unruhig auf dem Sofa herum. Jetzt wollte sie unbedingt hören, wie es weitergegangen war.

»Deshalb habe ich gesagt, sie soll aufhören und sich hinlegen. Ich habe ihr das Höschen ausgezogen und mich dann an alles gehalten, was Sie mir erklärt haben. Ich habe ihn ihr langsam reingesteckt und mich wirklich zurückgehalten, aber trotzdem hat sie gleich angefangen zu jammern. Er war überhaupt nicht weit drin, da hat sie schon gemeint, er sei ihr zu groß und ich soll abwarten. Da habe ich dann blöd reagiert, ihr gesagt, dass ich keinen Nerv habe, zu warten, und sie sich doch einen Typen mit einem kleinen Schwanz und mehr Geduld suchen soll. Ich habe mich angezogen, sie allein auf dem Rücksitz gelassen und bin mit ihr zurückgefahren.«

Geknickt trank er sein Bier aus und es entstand erneut eine Pause. Judith konnte nicht erklären, weshalb, aber irgendwie freute es sie, dass es nicht zum Sex mit dem Mädchen gekommen war. Nur zu gut konnte sie sich seine Enttäuschung in der Situation vorstellen, aber genauso, dass er jetzt Bedenken hatte, wie das Mädchen reagieren würde. Als Teenager war man bemüht darum, einen gewissen Ruf zu behalten, und der konnte mit so etwas schnell dahin sein.

Judith war überrascht, als er weitererzählte. »Ich bin nach Hause gefahren und hab mir einen runtergeholt, aber zufrieden war ich nicht. Ich würde mir so wünschen, dass eine richtige Frau meinen Dicken in den Mund nimmt.« Bei diesem Satz öffnete er spontan seine Hose, enthüllte sein steifes Glied und begann, es vollkommen ungeniert vor ihr zu wichsen.

»Jonas!«, entfuhr es Judith, die sich trotz ihrer Entrüstung nicht von dem Anblick losreißen konnte.

Er ignorierte ihren Ton und sprach ruhig und mit Nachdruck weiter. »Wenn Ihre Frage, was ich für den Lichtschalter bekomme, ernst gemeint war und Sie keinen Fleck auf Ihrem Teppich wollen, wäre es perfekt, wenn Sie ihn jetzt in den Mund nehmen.«

Judith war momentan schockiert von seinem dominanten Auftreten, aber ebenso beeindruckt. Hatte sie sich nicht bei ihrem ersten Zusammentreffen gewünscht, ihn schmecken zu dürfen? Seine Geschichte hatte sie angeregt. Jetzt, wo er so vor ihr saß, ihr fest in die Augen sah und dabei frei von Hemmungen oder Scham seinen Penis präsentierte, geriet ihr Entschluss, dass zwischen ihnen nichts mehr passieren durfte, gewaltig ins Wanken. Dieses eine letzte Mal noch, schwor sie sich. Judith beruhigte ihr Gewissen damit, dass es doch besser war, er lebte das hier und jetzt mit ihr aus, als zu versuchen, so ein junges Ding zu etwas zu zwingen.

Jonas erhob sich und damit befand sich sein Steifer direkt vor ihrem Gesicht. Er wollte nicht mehr warten und erneut war die Männlichkeit, die er dabei ausstrahlte, der Auslöser für Judiths Reaktion. Sie öffnete den Mund und ließ ihn hineinfahren. Das Stöhnen, das sich ihm währenddessen entrang und nach höchster Befriedigung klang, erregte sie genauso wie sein Geschmack. Zu Beginn war er vorsichtig, wurde aber schnell fordernder und stieß härter und tiefer zu. Selbst Judith, die keine Anfängerin war, was das anbelangte, stiegen Tränen in die Augen und sie würgte leicht.

Sie bremste ihn, um die Kontrolle zu übernehmen. »Setz dich«, bat sie und half ihm dann aus Schuhen und Hose.

Mit gespreizten Beinen saß er auf der Couch und sie kniete vor ihm dazwischen. So konnte sie an seinem Sack lutschen und zwischendurch mehrfach seinen Schwanz emporlecken.

Jonas' Stöhnen klang begeistert. Er lehnte sich zurück, schloss die Augen und öffnete sie erst wieder, als sie ihr Kleid am Oberkörper herunterzog, um sein Glied zwischen ihre Brüste schieben zu können. Sie presste sie fest zusammen und die so entstehende Enge animierte ihn, dazwischenzustoßen. Judith beugte den Kopf weit nach unten und empfing so jedes Mal seine Eichel zwischen ihren Lippen, während er das tat.

Jetzt war er nicht mehr zu stoppen. Er packte sie am Hinterkopf und stieß einige Male von unten weit in ihren Rachen. Judith hielt ihn an den Lenden etwas zurück, da sein Stöhnen verriet, dass er gleich zum Orgasmus kommen würde, und trotzdem überraschte sie der Druck, mit dem sein Sperma letztlich in ihren Hals geschossen wurde. Sie schaffte es dennoch, alles zu schlucken, und der angenehme Geschmack gefiel ihr.

Jonas ließ sie los, lehnte sich wieder mit geschlossenen Lidern zurück und schwärmte: »Das war so geil! Sie sind echt die Beste, Frau Lehmann!«

Auch wenn Judith gern erneut eine Zugabe gehabt hätte, um ebenfalls zum Höhepunkt kommen zu können, holte sie diese Aussage doch zurück auf den Boden der Tatsachen. Der Junge gelangte mit ihr wie in einen Rausch und das war nicht zu verantworten. »Das war toll, das stimmt«, gab sie zu, schob aber sofort nach: »Mit Mädchen in deinem Alter musst du einfach mehr Geduld haben. Zumal dein Penis wirklich nicht klein ist.«

»Aber Ihnen gefällt das!«, bemerkte er trocken.

Judith zog es vor, sich hierzu nicht zu äußern. Sie hatte ihn mit ein paar Tipps unterstützen wollen, aber es schien, als würde er sie überhaupt nicht hören. »Ich denke es ist besser, du gehst jetzt!«, meinte sie daher unmissverständlich und zog ihr Kleid hoch.

Er wirkte trotzig, als er sich anzog, tat aber, was sie wollte, und stimmte ebenfalls zu, dass sie sich nicht mehr sehen durften.

Als er weg war, öffnete Judith sich ein Bier und saß lange nachdenklich im Wohnzimmer, um es zu trinken. Was war nur mit ihr los, dass sie diesem Jungen so verfiel, obwohl es eindeutig falsch war und ihm nicht guttat? Hormone oder Pheromone mussten hier die Schuld haben, anders konnte sie es sich nicht erklären. Womöglich war es der Frust über die Partner der vergangenen Monate, die allesamt kläglich in ihrem Bett versagt hatten? Letzten Endes musste sie etwas oder jemanden finden, der sie von Jonas ablenkte.

Sie entschied, dass sie am nächsten Abend in die Tanzbar gehen und sich einen One-Night-Stand gönnen würde. Einen jüngeren! Um die dreißig klang perfekt. Bisher war dies nicht ihr Beuteschema gewesen, aber das Schicksal hatte ihr einen Wink gegeben, den sie nicht ignorieren wollte, und wenn sie bei so einem jungen Typen landen konnte, warum nicht?

***

Am nächsten Abend stylte sie sich somit etwas gewagter als gewöhnlich und war sicher, dass Tanzen und Flirten sie von den Gedanken an den Nachbarsjungen ablenken würden.

Während sie vor dem Haus stand und auf ihr Taxi wartete, kam Jonas mit einem Freund aus seiner Tür und der Blick, den er ihr zuwarf, sprach Bände. Judith bestätigte dies zwar, dass ihr Outfit perfekt war, aber ausgerechnet er hätte sie so nicht sehen sollen. Sie nickte ihm kurz zu, dann war glücklicherweise das

Taxi da und sie stieg schleunigst ein.

Judith genoss ihren Abend, tanzte ausgelassen und ignorierte die Männer in ihrem Alter komplett. Noch einmal meinte es der Zufall gut mit ihr und sie landete nach einiger Zeit mit einem Typen an der Bar, der erst neunundzwanzig Jahre alt war. Er gefiel ihr ausgesprochen und Judith erklärte ihm gleich, dass sie nicht auf der Suche nach etwas Festem war, sondern einzig und allein heißen Sex wollte.

»Dann ist heute dein Glückstag«, eröffnete ihr André und streichelte eine ihrer Brüste. »Ich bin nämlich eine Granate im Bett!«

Ein bisschen überheblich der Junge, aber wenn er so von sich überzeugt war, gab er sich wenigstens Mühe, nahm sie an. Sie beschlossen, auszutrinken und zu ihr zu gehen, damit er seine Fähigkeiten unter Beweis stellen konnte.

Schon im Taxi ging er völlig unbeeindruckt vom Fahrer immer wieder auf Tuchfühlung und Judith war extrem zufrieden mit ihrer Entscheidung, ihn mitzunehmen.

Kaum war die Haustür hinter ihnen ins Schloss gefallen, befreite er sie stürmisch von ihrem Kleid und presste sie gegen die Wand, um an ihren Brüsten zu saugen und zu lecken. Judith verging fast vor Verlangen. Eindeutig waren jüngere Männer der Schlüssel zu einem erfüllten Sexleben! Sie zog André an seinem Hemd in Richtung Schlafzimmer und öffnete dabei geschickt die Knöpfe, sodass er es direkt ablegen konnte. Mit zitternden Händen machte er ebenso hastig seine Jeans auf und wollte Judith schon mit sich aufs Bett ziehen, da fiel ihr etwas ein.

»Warte kurz«, bat sie den Verdutzten und wandte sich ihrem Schlafzimmerschrank zu. Sie öffnete die größte Tür und gab so den Blick frei auf ihr Arsenal an Sexspielzeug, Pornofilmen und Dessous.

André, der neugierig auf dem Bett hinter sie gekommen war, entrang sich ein verblüffter Laut. »Uff! Du bist ja besser ausgestattet als mancher Sexshop!«

Lächelnd drehte sich Judith mit einem natürlich aussehenden Vibrator in humaner Größe in der Hand zu ihm um. »Ja, und heute steht mir der Sinn vielleicht nach mehr als einem Schwanz und deshalb hoffe ich, du kannst hiermit umgehen!«

Ebenfalls grinsend nahm André ihr das Gerät ab, drehte fachmännisch an dem Fuß, um die Vibration zu starten, und erklärte: »Ich denke, ich bin in der Lage dazu!«

Judith war begeistert. Provozierend stieg sie aus ihrem Slip, bereit, sich verwöhnen zu lassen, da klingelte es an der Tür.

»Ich bin nicht da«, erklärte sie und beschloss damit, das Klingeln zu ignorieren. Sie kroch zu André ins Bett, der sofort den Vibrator zwischen ihre Schenkel hielt. Das sanfte Schwingen ließ sie noch geiler werden, als sie es ohnehin schon war.

Doch es läutete Sturm. Mit der Faust wurde gegen die Eingangstür gehämmert und da Judith mittlerweile Bedenken hatte, dass etwas passiert sein könnte, musste sie wohl oder übel aufstehen. Sie warf einen Satinkimono über ihren erhitzten Körper und bat André, zu warten.

»Wer auch immer das ist, ich wimmele ihn schnellstmöglich ab und bin gleich wieder hier. Bewege dich also nicht von der Stelle und vergiss nicht, wo wir stehen geblieben sind«, raunte sie ihm zu, bevor sie den Raum verließ.

Erneut klopfte es vehement an die Tür und sie beeilte sich, zu öffnen. Vor ihr stand ein verzweifelter Jonas mit Tränen in den Augen.

»Frau Lehmann! Gott sei Dank, Sie sind da!«, plapperte er stürmisch los.

»Jonas! Was tust du hier so spät? Ist etwas passiert?«

Der Junge schien völlig außer sich zu sein und dennoch war ihr Plan, sich nicht zu lange mit ihm aufzuhalten.

»Ja! Ich habe gesehen, wie Sie heute weg sind! Das hat mich echt eifersüchtig gemacht und so geil! Seitdem kann ich überhaupt nicht mehr denken!« Eindeutig nicht mehr nüchtern, nestelte er jetzt an seiner Hose herum. »Er steht immerzu, wenn ich an Sie denke, Frau Lehmann!«, jammerte er.

Da sie Panik bekam, dass er ihr das vor ihrem Haus zeigen würde, zog sie ihn schnell hinein.

Erst jetzt betrachtete er sie in ihrem knappen Bademantel und alles Jungenhafte verschwand aus seinem Gesicht. »Haben Sie nichts da drunter an?«, fragte er schon wieder lüstern und erneut wanderte seine Hand in seinen Schritt.

Judith war so überfordert mit seinem Auftauchen und seinen Äußerungen, dass sie sich nur mit Ehrlichkeit zu helfen wusste. »Jonas! Ich bin nicht allein!«, flüsterte sie panisch.

Genau in diesem Augenblick öffnete sich die Schlafzimmertür und ein verwirrter André streckte den Kopf heraus. »Ist hier draußen alles okay?«, fragte er und sah erstaunt in die Runde.

Die beiden Männer begutachteten einander wortlos und André, der nur in seine Boxershorts geschlüpft war, grinste plötzlich breit. »Ich dachte, ich habe alle deine Sexspielzeuge schon gesehen, aber dieses hast du mir anscheinend noch nicht vorgestellt.«

Judith warf ihm einen bitterbösen Blick zu. Scheinbar hatte André mehr von ihrem Gespräch mit Jonas gehört, als ihr lieb war. Sie überlegte, wie sie hierauf reagieren sollte, als seine nächste Feststellung sie noch weiter aus der Bahn warf.

»Wenn du das damit gemeint hast, dass dir einer heute nicht genügt, bin ich allerdings ganz und gar nicht abgeneigt.«

Sie wollte heftig widersprechen, Jonas antwortete aber schneller als sie. »Ich könnte auch nur zugucken. Das würde mir schon genügen«, reagierte er vollkommen anders, als Judith erwartet hätte, und nahm ihr dadurch den Wind aus den Segeln.

»Damit, befürchte ich, wird die Dame nicht ganz zufrieden sein«, gab André zu bedenken.

Als sei ein Dreier beschlossene Sache und Judiths Meinung dazu nicht wichtig, schienen die beiden in allem einig zu sein. Ihr imponierte, dass die Männer so das Kommando übernahmen, und Jonas wirkte nicht, als hätte er Bedenken. Daher ließ sie es zu, als André hinter sie trat, die Arme um sie legte und den Gürtel von ihrem Kimono löste, sodass er ihn ihr abstreifen konnte.

Nackt vor zwei jungen Männern zu stehen, die gleichermaßen scharf auf sie waren, war so anregend, dass Judith akzeptierte, dass der Abend eine eigene Dynamik entwickelte. Ohne zu zögern, verschwand sie mit den beiden ins Schlafzimmer.

Ihre Bedenken wurden erneut zur Nebensache. André entledigte sich, schon bevor er zu ihr ins Bett stieg, seiner Shorts. Jonas hielt sich zunächst etwas zurück, betrachtete die beiden zwar aufmerksam, wirkte aber unschlüssig, wie er dazustoßen sollte.

»Komm her, ich ziehe dich aus!«, forderte Judith ihn auf und er näherte sich ihr dankbar. Sie half ihm aus dem T-Shirt und streichelte dann durch den dünnen Stoff seiner Shorts die dicke Beule darin. André sah ihr dabei zu und spielte von hinten an ihrer Spalte. Dies erregte sie derartig, dass sie Jonas' Schwanz so fest packte, dass er sich durch die Hose überdeutlich abzeichnete.

André pfiff anerkennend. »Kein Wunder, dass du ihn dir als Toyboy ausgesucht hast«, kommentierte er die Größe von Jonas' hartem Prügel. »Ich würde gern sehen, wie er den Dicken in deine heiße Muschi schiebt«, gestand er, und um dem Nachdruck zu verleihen, ließ er einen Finger in sie gleiten.

Judith erging es ebenso. Sie wollte endlich etwas in sich

spüren und dieser eine Finger verwandelte ihre angespannte Erregung in zügellose Lust. Sie zog Jonas die Shorts herunter und sein Steifer schien glücklich zu sein, dass er frei war. Er wippte stramm vor ihrem Gesicht und da sie wusste, wie gut es Jonas gefiel, nahm sie ihn zuerst in ihren Mund auf.

André sah nur einen Moment zu, dann kniete er sich neben den Jüngeren, um ihr seinen Ständer ebenfalls anzubieten. Judith nahm einen in die linke und einen in die rechte Hand. Sie wechselte zwischen den beiden ab, was Jonas verrückt zu machen schien. In dem Augenblick, als sie sich auf allen vieren mehr André zugewendet hatte, entzog er sein Glied ihrer Hand und kam von hinten an sie. Er setzte seine Eichel an ihre feuchte, leicht geöffnete Möse. In Erwartung seines Eindringens stützte sie sich mit beiden Händen ab, was André die Chance gab, ungebremst in ihren Rachen zu stoßen. Zum gleichen Zeitpunkt fuhr Jonas tief in sie und Judith gab nur noch gedämpfte Stöhnlaute von sich. Angestrengt hielt sie beiden stand, atmete aber erleichtert durch, als André sich zurückzog.

»Legt euch hin! Ich muss das sehen!«, ächzte er.

Jonas zog Judith rückwärts mit sich auf das Bett. Sie lag jetzt auf dem Rücken auf ihm und für André eröffnete sich so der wundervolle Blick auf ihre von hinten mit Jonas' Schwanz ausgefüllte Muschi. Der konnte so nicht stoßen, packte sie aber an den Brüsten und André spreizte ihre Schenkel etwas mehr.

»Sieht eigentlich nicht so aus, als würde da noch einer reinpassen, aber wir sollten es auf jeden Fall versuchen«, meinte er geil.

Judith hatte durchaus schon Sex mit zwei Männern gleichzeitig gehabt, allerdings waren noch nie beide zur gleichen Zeit in sie eingedrungen. Gespannt wartete sie ab, wie es sich anfühlen würde. Als André seinen Schwanz zu Jonas in sie schob, tat er es trotz aller Erregung langsam.

So massiv gedehnt zu werden, war ein überwältigendes Gefühl und Judith seufzte laut auf, als beide anfingen, in sie zu stoßen. André übernahm die Führung und nachdem der Jüngere sie weiter fest an den Brüsten hielt, kamen seine Stöße hart in sie. Jonas, dessen Dicker dabei mitpenetriert wurde, stöhnte bald genauso laut wie die anderen und kam schnell zum Orgasmus.

Judith fühlte zunächst nicht, wer von den beiden abgespritzt hatte. Erst als André, aufgegeilt durch das Sperma, das bei jedem Stoß aus ihr gepumpt wurde, immer schneller und härter in sie fickte, wurde ihr bewusst, dass Jonas schon gekommen war. Sie selbst legte Hand an ihren Kitzler, weil André immer weiter zurückwich, um sehen zu können, wie er in sie drang. Ihr war klar, dass sie so nicht kommen konnte, daher half sie geübt mit den Fingern nach. Dann war ihr Höhepunkt aber so heftig, dass sie sich auf Jonas aufbäumte, seinen erschlaffenden Penis genau wie Andrés harten tief in sich drückte und die Wellen des Orgasmus mit zuckender Muschi herausschrie.

André kam nur kurz nach ihr, zog währenddessen seinen Schwanz heraus und ergoss sich stöhnend auf ihren Unterleib.

Alle drei waren erschöpft, aber zufrieden und lagen eine Weile schweigsam eng beieinander. Der gemeinsame Höhepunkt hatte sie tief beeindruckt.

André fand als Erster die Sprache wieder. »Wie lange treibt ihr zwei es schon?«, wollte er wissen und konnte dabei die Finger nicht von Judith lassen. Auch Jonas streichelte ihren Körper gedankenversunken und sie spürte an ihrer Kehrseite, dass sich bei ihm bereits wieder etwas regte.

»Eigentlich einmal nur und das letzte Woche«, gab er trotzdem Auskunft.

André wirkte überrascht, äußerte sich aber nicht. Seine Finger berührten sein noch immer feuchtes Sperma auf ihrem

Bauch und sein Blick veränderte sich. »Würdest du ihn noch mal hochblasen? Ich könnte mir vorstellen, dass unser Freund hier durchaus auch noch fit wäre für eine weitere Runde«, bat er Judith.

Sie sah zuerst zu Jonas, der aber nur grinste. Also begann sie, André zu streicheln, und tauchte ab, um seinen Wunsch zu erfüllen. Sie und Jonas waren ebenso bereit und noch einmal befriedigten sie einander, wenn diesmal auch nicht beide Männer gleichzeitig in sie drangen, bevor alle entkräftet einschliefen.

***

Als sie am nächsten Morgen erwachte, war André verschwunden. Jonas lag neben ihr und sie betrachtete fasziniert seine entspannten Gesichtszüge und seinen nackten Körper. Sie würden sich unterhalten müssen.

Als hätten ihre Blicke ihn geweckt, schlug er die Augen auf und strahlte sie an. »Guten Morgen! André musste los zur Arbeit, aber er hat einen Zettel mit seiner Nummer dagelassen, falls wir mal wieder Bock haben, hat er gemeint.« Jonas lachte.

Judith nahm sofort den Faden auf. »Ich finde, darüber sollten wir uns noch mal unterhalten«, begann sie vorsichtig.

Jonas nickte. »Es gibt da aber etwas, was Sie noch nicht wissen«, unterbrach er sie. »Bevor ich gestern hierherkam, habe ich noch mal mit Marina geschlafen und es war gar nicht so schlecht.«

»Marina?« Judith verstand nicht, von wem er redete.

»Das Mädchen, mit dem ich auf dem Waldparkplatz war«, erklärte er und sie nickte. »Sie hat mich noch nicht so befriedigt wie Sie, aber sie ist lieb und das könnte was Festes werden. Da käme ich natürlich nicht mehr! Aber bis dahin wäre es toll, wenn ich von Ihnen noch etwas lernen könnte. Nur solange, bis sie es besser kann, meine ich«, beendete er seine Erklärung und wurde ein klein wenig rot.

Judith legte sich erleichtert auf den Rücken und lächelte. Der Junge drehte nicht durch und wenn er noch einige Male zu ihr käme, das Interesse an Mädchen in seinem Alter aber nicht verlor, dann konnte sie damit gut leben. »Du wirst dich bald nach Hause schleichen müssen, zuvor gibst du mir allerdings deine Handynummer, sodass du hier nicht mehr nachts die Türe einschlagen musst!«

Das brachte sie beide zum Lachen und dann schlief sie noch mal mit ihm, weil seine Morgenlatte einfach zu verführerisch war.

Der geile Freund meines Vaters

Hannah war wieder bei ihren Eltern eingezogen. Nachdem sie sich von ihrem langjährigen Freund getrennt hatte, war ihr nichts anderes übrig geblieben, als vorläufig ins heimische Nest zurückzukehren und ihr altes Kinderzimmer wieder zu beziehen. Für den Augenblick tat ihr das vertraute Zuhause gut und eine Wohnung zu finden war momentan ohnehin nicht leicht. Ihre Mutter umsorgte sie – glücklich, ihr Kind wieder bei sich zu haben. Ihr Vater war wie immer, das half ihr über den Trennungsschmerz hinweg. Die beiden hatten seit Jahren ein freundschaftliches Verhältnis zu ihren direkten Nachbarn Gritt und Henning, die ebenso erfreut waren, die »kleine« Hannah wieder dazuhaben. Henning war fast so alt wie ihr Dad, aber ein vollkommen anderer Typ. Ihr Vater war rundlich und meist gemütlich, Henning wirkte mit seiner durchtrainierten, muskulösen Figur mindestens zehn Jahre jünger.

Jetzt, wo sie wieder hier war, erinnerte sich Hannah daran, dass sie eine ganze Weile schwer in ihn verknallt gewesen war. Er war ein lebenslustiger Kerl, der den Damen gern mal auf den Hintern klatschte, was damals bei ihr dazu geführt hatte, dass sie sich weiblicher und von ihm als Frau wahrgenommen fühlte. Ihr hatte das immer gefallen. Einmal bei einer Grillfeier hatte er sie zuerst geklapst, dann seine Hand von hinten unter ihr knappes Röckchen geschoben und auf ihren Slip gelegt. Sein Mittelfinger hatte kurz ihre Schamlippen abgetastet und sich für eine Sekunde in ihre Spalte gedrückt, was bei ihr zu wochenlanger Selbstbefriedigung mit Gedanken an ihn geführt hatte. Darüber geredet hatten sie nie. Hannah hatte immer geglaubt, dass es ein Versehen und für sie bedeutungsvoller gewesen war als für ihn. Kurz darauf hatte sie ihren ersten Freund kennengelernt und nicht mehr auf diese Art an Henning gedacht.

Jetzt aber, als sie auf der Terrasse saß und ihrem Vater und ihm beim Umgraben der Beete zusah, fiel es ihr wieder ein. Er war der erste Mann gewesen, der sie da unten angefasst hatte, und im Nachhinein betrachtet war sie sicher, dass es kein Zufall gewesen war. Ob er damals mehr getan hätte, wenn sie ihn ermuntert oder gebeten hätte? Sie konnte es nicht einschätzen. Zu der Zeit war sie völlig unerfahren gewesen.

Mit zwanzig war sie dann mit ihrem letzten Freund zusammengezogen und hatte in den vergangenen fünf Jahren viele sexuelle Erfahrungen gesammelt. Wenn er seine Finger nochmals an diese Stelle bei ihr legte, würde sie garantiert anders reagieren. Der Gedanke und die Tatsache, dass Henning sein Shirt auszog, um mit nacktem Oberkörper weiterzuarbeiten, ließen es Hannah so heiß werden, dass sie beschloss, nach oben zu gehen und kalt zu duschen. Sie hatte sich getrennt und musste jetzt mit dem sexuellen Entzug klarkommen.

***

Zwei Tage später, als sie von der Arbeit nach Hause kam, empfing sie an der Haustür lautes Stimmengewirr. Sie erkannte schnell, dass ihre Eltern auf der Terrasse mit Gritt und Henning diskutierten. Hannah wollte nicht in eine Unterhaltung hineinplatzen, die sie nichts anging, und huschte daher zuerst in die Küche, um sich aus dem Kühlschrank etwas zu essen zu holen. Hier schnappte sie einige Gesprächsfetzen auf.

»Ihr wisst, ich hasse Wandern, und zu kalt ist mir das auch! Ich will an den Strand!«, war ihre Mutter deutlich zu vernehmen.

Hannah ahnte etwas. Seit Jahren planten die beiden Paare ihre Urlaube zusammen und diesmal schien man sich nicht über das Ziel einig zu sein. Da konnte sie sich durchaus zu den vieren ins Freie setzen. Unter Umständen könnte sie sogar neutral vermitteln.

Als Hannah dazukam, beschwerte sich Gritt gerade: »Ich will auch entspannen und nicht jeden Tag kilometerweit laufen. Ich stimme ebenfalls für Strand.«

Erst als ihr Vater trotzig maulte: »Am Strand kann ich auch liegen, wenn ich alt bin. Die Strecke laufe ich allerdings mit dem Rollator nicht mehr und ich wünsche mir das schon so lange!«, wurde Hannah hellhörig. Seit Jahren träumten sie und ihr Vater von einem Wandertrip durch Norwegen und nur die Abneigung ihrer Mutter gegen weite Märsche hatte sie immer abgehalten. Offenbar schlug er es dieses Jahr vor, weil sie wieder da war. Dankbar lächelte sie ihren Vater an, der ihr zuzwinkerte. Hannah hoffte, dieser Urlaub würde durchgehen, aber so abgeneigt, wie die zwei Frauen waren, sah sie da schwarz.

Henning meldete sich zu Wort. »Paul hat recht. So jung wie dieses Jahr sind wir nie mehr! Könntet ihr euch denn damit anfreunden, wenn ihr beide ans Meer fliegt und wir Norwegen unsicher machen?«, warf er einen spontanen Gedanken in die Runde.

Zunächst herrschte Schweigen. Gritt wirkte wenig begeistert und auch Hannahs Mutter hatte Bedenken. »Ist das nicht blöd? Getrennt Urlaub machen? Ich weiß nicht!«, war sie die Erste, die sich zu Wort meldete.

»Das soll ja nicht für immer so sein. Nur dieses eine Mal.

Hat ja auch keiner was davon, wenn er wohin soll, wo er nicht hinmag«, merkte ihr Vater an.

»Ich muss es mir überlegen«, antwortete ihre Mutter nur knapp und stand auf, um in die Küche zu gehen. Zuvor sah sie ihrer Tochter in die Augen. Sie wusste nur zu gut, wie gern ihr Kind und ihr Mann dieses Abenteuer zusammen erleben wollten.

»BITTE«, formte Hannah lautlos mit den Lippen und warf ihrer Mutter einen flehenden Blick zu.

Die behielt aber ihr Pokerface und verließ den Tisch. Gritt schritt ihr nach. Es war klar, dass die beiden sich beraten würden. Hannah war kurz unschlüssig und zögerte, folgte dann aber den Frauen, um ein paar Argumente für Norwegen einwerfen zu können, falls es sich ergab.

Als sie die Küche betrat, erwarteten die beiden sie schon und ihre Mutter überraschte sie total, als sie sagte: »Hör mal, ich weiß, wie gern ihr das machen wollt, und du weißt, wie wenig Lust ich darauf habe. Gritt und ich wären also begeistert, zu zweit einen echten Wellnessurlaub machen zu können, worauf die Männer nie Lust hätten. Natürlich können wir das nicht so direkt zugeben und es ihnen zu leicht machen.«

Hier grinsten sie und Gritt verschwörerisch und auch Hannah musste über die Gerissenheit ihrer Mutter schmunzeln.

»Wenn du mir also versprichst, dass du auf deinen Vater aufpasst, damit er sich nicht zu viel zumutet, dann hätte ich absolut nichts dagegen, wenn ihr euren Traum-Trip durch Norwegen endlich bekommt.«

Hannah fiel ihrer Mutter um den Hals, verkniff es sich aber zu jubeln, weil sie das ja verraten hätte. Am Wochenende wollten die Damen ihren Männern die Entscheidung dann mitteilen und sie so lange schmoren lassen.

***

Kaum war der Entschluss verkündet, begann schon die Planung. Die Frauen würden ihre Zeit in einem Wellnesshotel am Mittelmeer verbringen und sich verwöhnen lassen, während Hannah und die beiden Männer zehn Tage lang mit dem Rucksack quer durch Norwegen wandern wollten. Sie planten ihre täglichen Routen und buchten die Unterkünfte am jeweiligen Etappenziel. Sie würden durch Wälder, über kleine Berge, durch die wundervollen immergrünen Täler und auch ein Stück die Küste entlanglaufen. Einige Sehenswürdigkeiten lagen auf ihrer Strecke. Am Ende eines Marsches hatten sie meist eine kleine Hütte mit Schlafmöglichkeit und Service reserviert, sodass es jeden Tag eine warme Mahlzeit, ein Bier, ein Bett und am nächsten Morgen ein Frühstück geben würde.

***

Noch auf dem Flug studierte Hannah Reiseführer und Informationen zur Tier- und Pflanzenwelt und war sich sicher, ihnen stand ein einzigartiges Abenteuer bevor.

***

Tag 1

Direkt nach ihrer Ankunft brachte ein Guide sie zum Startpunkt ihrer ersten Route und entließ sie dann in die Natur Norwegens. Für heute war nur ein dreistündiger Marsch geplant, der in einem Gasthof endete. Sie wollten sich nicht überfordern und hatten eine Steigerung der Routen einkalkuliert. Der Weg, den sie heute zu bestreiten hatten, war relativ eben und das Wetter war angenehm. Hannah konnte sich gar nicht sattsehen an der unglaublich weiten Landschaft. Sie war regelrecht high von der Luft und all den Eindrücken und lief oft voran, nur um sich dann wieder zurückfallen zu lassen und ihrem Vater und Hennig dies und jenes zu zeigen. Den Männern war ebenfalls anzumerken, dass sie beeindruckt waren, selbst wenn sie nicht so enthusiastisch herumsprangen wie Hannah. Vor allem ihr

Vater lief eher gemächlich, machte aber nie schlapp und all ihre Etappen waren ohnehin so geplant, dass sie nicht zu hetzen brauchten. Trotzdem waren an diesem ersten Abend alle froh, als sie das kleine Gasthaus erreichten und es sich gemütlich machen konnten.

Sie spürten ihre Füße und den ungewohnt langen Aufenthalt an der frischen Luft. Umso mehr freuten sie sich über das leckere Essen und ein kühles Bier. Danach dauerte es nicht lange und Hannahs Vater begann zu gähnen. Er war von ihnen drei am wenigsten gewohnt und freute sich jetzt auf sein Bett. Jeder hatte ein eigenes kleines Zimmer mit einem Tisch, einem Stuhl und einem Bett. Mehr brauchte es nicht, denn am Morgen ging es ohnehin weiter.

Nach einer ausgiebigen Dusche kroch Hannah ebenfalls direkt in die Federn, lag aber mit offenen Augen da. Sie war zu aufgekratzt, um gleich einschlafen zu können, stellte sie fest. Die Fenster ließen sich nicht abdunkeln und so fiel das grelle Licht des Vollmonds herein und erhellte den Raum unwirklich.

Es klopfte so leise, dass Hannah zuerst dachte, sie hätte sich verhört, aber dann öffnete sich vorsichtig die Tür und Henning trat herein.

»Hannah? Schläfst du schon?«, fragte er leise in die Ecke, in der sie im Bett lag. Von seinem Standpunkt aus sah er scheinbar nicht, dass ihre Augen geöffnet waren.

»Nein«, gab sie ebenso leise zurück. »Irgendwie geht es noch nicht. Ich bin viel zu aufgedreht«, gab sie zu und setzte sich auf.

»Stört es dich, wenn ich mich ein wenig zu dir setze? Ich war auch bei deinem Vater, aber der schnarcht wie ein Murmeltier.«

»Nein, gar nicht. Ich liege ja hier und finde nicht recht zur Ruhe.«

Henning drehte den Stuhl zu ihrem Bett um und setzte sich darauf. Jetzt war offensichtlich, dass er sie nicht so gut sah wie sie ihn, denn er kniff die Augen zusammen, als er in ihre Richtung sprach. »Mir fehlt Gritt, ich fühle mich schrecklich einsam so allein im Bett, dann noch das Adrenalin durch den Lauf. So bin ich auf der Suche nach Gesellschaft.«

Henning war es nicht gewohnt, ohne seine Frau zu schlafen. Hannah erinnerte sich nur zu gut daran, wie schwer ihr selbst das in den ersten Nächten nach der Trennung gefallen war, und er tat ihr leid. Er saß da mit nacktem Oberkörper und Pyjamahose, ihr fiel die dicke Beule darin auf. Er war nicht nur aus Einsamkeit hier, das stand fest.

»Ich hatte gehofft, wir könnten uns da ein bisschen gegenseitig unterstützen«, sprach Henning weiter in die Dunkelheit vor sich.

Hannah war sich nicht sicher, wie er das meinte. Ihre Gedanken kreisten weiter um die Tatsache, dass ihr Jugendschwarm offensichtlich mit einem Steifen an ihrem Bett saß und sich womöglich gar nicht bewusst war, dass sie es sehen konnte.

Jetzt erhob sich Henning und zerstreute damit ihre Bedenken. Er kam zu ihr auf das Bett und sie tat impulsiv, was ihr passend erschien. Sie legte sich wieder hin und zog ihn mit sich, dabei gab sie endlich dem Drang nach, der schon so lange in ihr schlummerte. Sie ergriff Hennings Penis und streichelte ihn vorsichtig durch die Hose. Er stöhnte leise und wohlig und zeigte ihr damit, dass dies seiner Vorstellung von Unterstützung durchaus entsprach. Das Gefühl, nach den Wochen der Einsamkeit einen harten Schwanz zu berühren, ließ Hannah die letzten Hemmungen verlieren. Sie schob ihre Hand in seine Hose und massierte seinen Steifen langsam. Im Zwielicht konnte sie erkennen, dass Henning die Augen geschlossen hatte und leise stöhnend ihre Liebkosungen genoss, was sie mutiger werden ließ. Ihre zweite Hand wanderte in seine Hose und tastete in Richtung seiner Hoden. Kurz zuckte sie erstaunt zurück, als sie den prallen, dicken Sack berührte.

Henning half von außen mit seiner Hand nach, indem er sie seine Eier weit kräftiger kneten ließ, als sie es je von sich aus gewagt hätte. Gleichzeitig fing er an, seinen Schwanz in ihre Hand zu stoßen. Erst langsam, dann immer heftiger fickte er zwischen ihre Finger und presste ihre zweite Hand auf seine Eier, sodass Hannah Mühe hatte, dem standzuhalten.

Sie genoss, wie er sich gehen ließ, aber so spritzte er zu schnell sein warmes Sperma über ihren Unterarm und auf das Laken.

Er nahm seine Hand von ihrer und sein Körper entspannte sich, dann sprang er unvermittelt auf, wünschte ihr eine gute Nacht und schlich genauso leise aus dem Zimmer, wie er gekommen war.

Normalerweise hätte Hannah jetzt lange gebraucht, um in den Schlaf zu finden, aber sie war so erschöpft von dem Marsch, dass sie Minuten später nicht mehr über den Vorfall grübelte, sondern traumlos schlief.

***

Tag 2

Der nächste Morgen fühlte sich merkwürdig an. Hannah hatte größte Bedenken, dass der Rest des Urlaubs in betretenem Schweigen zwischen ihr und Henning verlaufen würde. Sollte sich das abzeichnen, käme sie nicht drumherum, ihm zu erklären, dass sie erwachsen war, durchaus zwischen Liebe und Verlangen unterscheiden konnte und ihn keine Konsequenzen erwarteten. Sie bereute etwas, dass sie die Situation nicht besser für sich genutzt hatte, das war aber nicht mehr zu ändern.

Beim Frühstück war er in der Tat ungewohnt still, ihr Vater dagegen ausgeschlafen und extrem lebhaft. Er redete wie ein Wasserfall und preschte zu Beginn der Tagesroute ständig vorweg. Henning folgte ihm angestrengt und Hannah blieb etwas zurück und nutzte die Zeit, um über den gestrigen Abend nachzudenken. Sie fragte sich, wie der Sex zwischen Gritt und ihm ablief.

Sie hatte sich vorsichtig an ihn herangetastet und ihr war es vorgekommen, als hätte ihn das animiert, härter zu sein, als er es für gewöhnlich war. Sicher konnte sie sich irren, aber Gritt war schon eine dominante Person, wenn sie so darüber nachdachte. Nicht selten versteckten sich ihr Vater und Henning auf ein Bierchen im Geräteschuppen, weil er fürchtete, dass seine Frau ihn sonst zu schnell abkommandierte. Und genau genommen kommandierte sie ihn oft herum. Vermutlich hatte er im Bett nichts zu sagen und musste sich mit dem zufriedengeben, was ihm seine Frau gab. Ob er deshalb nicht einmal versucht hatte, in sie einzudringen? Sie konnte es nicht sagen. Zumindest war sie sicher, dass das schlechte Gewissen ihn so schnell aus ihrem Bett getrieben hatte.

Ihr Vater johlte von einem kleinen Hügel herunter, unterbrach damit ihre Gedanken und erst da fiel ihr auf, dass Henning sich zu ihr hatte zurückfallen lassen.

»Mir hat es gestern sehr gefallen, wollte ich dir noch sagen«, vertraute er ihr leise an, sah sie dabei aber nicht an.

Hannah vermied ebenfalls Blickkontakt. »Mir auch«, gab sie zu und war jetzt unschlüssig, wie viel sie dazu sagen sollte.

»Deinem Vater erzählen wir aber nichts davon«, fügte er an und Hannah musste schmunzeln.

Daher wehte der Wind! Er wollte sich versichern, dass sein abendlicher Ausrutscher geheim blieb. »Wo denkst du hin!«, versicherte sie ihm sofort entrüstet.

Er schaute ihr in die Augen und sah wohl, dass es ihr Ernst war, denn er lächelte und beeilte sich jetzt, wieder zu ihrem Vater aufzuschließen.

***

Wie zu erwarten, war der am Abend vollkommen erschöpft und hatte Mühe, seine Mahlzeit komplett aufzuessen, so müde war er. Hannah sagte ebenfalls bald gute Nacht, denn sie hatte keine Lust, mit Henning hier zu sitzen und darüber zu diskutieren, weshalb niemand erfahren durfte, dass er zu ihr ins Bett gekrochen war. Lieber wollte sie duschen, sich hinlegen und heute dafür sorgen, dass auch sie zum Orgasmus kam.

Sie hatte es sich soeben bequem gemacht und dachte an Hennings steifen Prügel, da öffnete sich ihre Zimmertür, diesmal ohne anzuklopfen.

»Hannah?«, ertönte seine leise Stimme.

»Ja, noch wach«, gab sie überrascht zur Antwort. Sie hatte nicht damit gerechnet, dass er sich erneut bei ihr blicken lassen würde. Zielstrebig kam er diesmal direkt zu ihr ins Bett, was sie zusätzlich erstaunte. Wieder trug er nicht mehr als seine Pyjamahose und auch heute war sein Schwanz hart wie Stein. Ihre Erregung war schon groß, aber dennoch hielt sich Hannah diesmal zurück. Sie würde ihn nicht wieder befriedigen und dabei leer ausgehen, nahm sie sich vor.

»Tut mir leid, dass ich gestern so schnell abgehauen bin, aber ich träume schon so lange davon, so von dir berührt zu werden, das war einfach ein bisschen viel für mich«, gab er zu.

»Schon okay«, hielt sich Hannah zurück, ließ es aber zu, dass er seine Hand in ihr Höschen schob, um ihre schon feuchte Spalte mit einem Finger zu erkunden.

Seine Finger zogen sanft und zurückhaltend ihre Schamlippen auseinander und er stöhnte. »So lange«, meinte er noch einmal, dann holte er seinen Steifen aus der Hose und schob ihn in ihren Slip.

Die Berührung seiner Eichel an ihrem Kitzler und ihrer Spalte, während er sich an ihr rieb, war unglaublich. Hannah presste sich ihm entgegen und versuchte, ihn zu ermutigen, endlich in sie zu dringen, aber Henning blieb eisern. Er packte sie am Arsch und drückte ihre Schenkel fest zusammen, sodass sie sich nicht für ihn öffnen und er sein pralles Glied in die so entstehende Enge stoßen konnte. Erste Lusttropfen von ihm vermischten sich mit ihrem Saft und ließen die Innenseite ihrer Schenkel immer feuchter werden. Hannah versuchte, sich ihm zu entziehen, wollte unbedingt die Beine spreizen, aber das verhinderte er. Schmerzhaft krallten sich seine Fingernägel in ihren Hintern, als er sie fester packte, um härter zwischen ihre Beine zu stoßen, wobei er sich halb auf sie legte und sein Stöhnen immer lauter wurde. Sie wollte ihm sagen, was sie verlangte, aber seine Lippen verschlossen ihren Mund mit einem fordernden Zungenkuss und dann spürte sie frustriert, wie er zum zweiten Mal zu schnell sein Sperma auf ihr verspritzte. Er kam zwischen ihren Schenkeln, und als er mehrmals nachstieß, verteilte er seinen Saft ebenfalls auf ihren Schamlippen, ihrer Spalte und ihrem Kitzler.

»Oh Gott, Hannah, das tut mir so leid!«, versicherte er, als er sich von ihr zurückzog. »Morgen gebe ich mir mehr Mühe«, versprach er. »Aber jetzt gehe ich lieber, nicht dass uns noch jemand sieht! Nicht auszudenken, was dein Vater sagen würde.«

Im Grunde genommen verschwand er genauso sang- und klanglos wie am Tag zuvor, selbst wenn er es vermutlich anders empfand, weil er sich diesmal verabschiedete.

Hannah blieb zurück mit einem unbefriedigten Gefühl, aber der Hoffnung, dass er am folgenden Tag wieder zu ihr kommen würde.

***

Tag 3

Am darauffolgenden Tag war Henning ausgesprochen gut gelaunt und ihr Vater von Muskelkater geplagt. Heute würde er mit Sicherheit nicht davonsprinten. Die Strecke führte diesmal lange Zeit durch tiefe Wälder und sie liefen große Wegstrecken zusammen. Es wurde gelacht und Hannah ärgerte sich nicht mehr darüber, dass sie erneut orgasmuslos geblieben war. Ganz im Gegenteil, sie freute sich auf den Abend, wenn Henning wieder bei ihr hereinschneien würde.

Bei der Ankunft in der Hütte war aber schon festzustellen, dass ihr Vater heute nicht so schnell zusammenbrechen würde. Er war gesellig, wollte reden und es wurde später und später. Als er endlich ankündigte, sich zurückzuziehen, war Hannah schon extrem ungeduldig. Sie duschte in Windeseile und wartete dann auf ihren abendlichen Besucher. Es dauerte so lang, dass sie schon kurz vor dem Einschlafen war, als es leise klopfte. Henning setzte sich zu ihr und wirkte angeheitert, als er ihr erklärte, Paul habe ihn nochmals auf dem Flur abgefangen und in ein weiteres Gespräch verwickelt.

Dafür ließ er jetzt nichts mehr anbrennen. Er zog seine Hose aus und streichelte seinen Schwanz, der bald darauf strammstand. »Komm her und verwöhn mich ein bisschen«, bat er honigsüß.

Seine Stimme klang weich und es sollte sicher eine Bitte sein – die Hand auf ihrem Hinterkopf, die ihr Gesicht näher an seinen Steifen schob, war dies aber nicht. Hannah war nicht abgeneigt, seinen Schwanz in den Mund zu nehmen – ihr Verlangen danach, Sex mit ihm zu haben, war aber ebenso groß. Sie war unkonzentriert und gab sich wenig Mühe, in der Hoffnung, das Vorspiel würde so schneller enden.

Henning wollte das nicht akzeptieren. »Das ist schön, aber nimm auch meine Eier in den Mund«, forderte er.

Hannah bemühte sich und es war eine echte Herausforderung, den großen Sack in den Mund zu bekommen, aber nach einigen Versuchen gelang es ihr, wenn ihr dabei auch Speichel über das Kinn lief. Henning war mit ihr in das fahle Licht des Mondes zum Fenster gerutscht, um ihr zusehen zu können, und wichste dabei immer heftiger seinen Schwanz. Hannah war vor ihm auf den Knien und als er jetzt von oben Druck mit seinen Hoden machte, würgte sie. Henning nahm dies zum Anlass, ihr den Sack aus dem Mund zu nehmen und seinen Penis, der schon Lusttropfen ausspuckte, zuerst durch ihr Gesicht zu streichen und dann in ihren Hals zu rammen. Hannah wehrte sich zunächst, weil ihr klar war, dass das nicht lange gut gehen würde. Nachdem er aber nicht abließ und sein Stöhnen immer drängender wurde, ergab sie sich in ihr Schicksal. Sie konzentrierte sich auf ihre Atmung, nahm den dicken Schwanz tief in ihren Rachen auf und sah ihm dabei in die Augen.

Henning verlor völlig die Kontrolle. Hemmungslos stieß er in sie und unterbrach nur, um seinen Steifen einige Male in ihr Gesicht zu schlagen. Hannahs Verlangen steigerte sich ins Unermessliche und er ließ sich vollkommen gehen. Sie verlor jedes Zeitgefühl und ihr erschien es endlos, wie er immer und immer wieder seinen Penis in ihren Hals schob, bis ihr die Tränen kamen, um ihn anschließend durch ihr Gesicht zu ziehen und erneut hineinzustoßen. Dann veränderte sich sein Atem schlagartig, er packte sie hart am Hinterkopf und ergoss zitternd und zuckend seine ganze heiße Ladung in ihren Mund. Hannah war so wenig bei sich, dass sie nicht alles schlucken konnte und das Sperma an ihren Mundwinkeln herunterrann. Einen Augenblick hielt er sie weiter, seinen Schwanz tief in ihr, dann ließ er sie los und beide rangen nach Atem.

Obwohl sie erneut nicht zum Orgasmus gekommen war, war sie doch total erschöpft und heute froh, dass er sich kurz und knapp verabschiedete. Sie schlief schnell ein, dachte nicht mehr nach und war sicher: Morgen würde es besser laufen!

***

Tag 4

An diesem Morgen war Hannah diejenige, die gerädert und still beim Frühstück saß. Sie war geschafft von ihrem nächtlichen Abenteuer. Ihr fiel es schwer, Henning anzusehen, weil sie auf eine gewisse Art und Weise sauer auf ihn war. Wieder hatte er nur an sich gedacht und sie als Mittel zum Zweck benutzt. Sein Blick drückte hingegen etwas vollkommen anderes aus: Dankbarkeit und Bewunderung sah sie darin, ebenso wie Begierde. Henning würde sicher wiederkommen und es war klar, dass sie sich nicht erneut nur benutzen lassen durfte.

Ihr Vater und er verfielen während des Laufens schnell in eine politische Diskussion und Hannah ließ sich einige Meter zurückfallen. Das gab ihr die Gelegenheit, nachzudenken und ab und zu Hennings knackigen Hintern in der Wanderhose zu betrachten. Hatten sie in den ersten Tagen Bedenken und ein schlechtes Gewissen Gritt gegenüber geplagt, so änderte sich das allmählich. Seine Frau und ihr Zuhause waren weit weg. Hier waren nur sie drei, die endlos scheinenden Wiesen und ihr Bedürfnis danach, endlich befriedigt zu werden.

Am Abend in der Hütte trank sie ein Bier zu viel und war entsprechend angeregt, als Henning zu ihr kam. Sie lag schon nackt im Bett, zog ihn sofort an sich und küsste ihn leidenschaftlich. Er reagierte darauf, indem er direkt versuchte, seinen Steifen wieder zwischen ihren Schenkeln zu wichsen. Hannah ließ es zu, brachte ihr Becken aber geschickt in eine Position, in der seine Eichel immer wieder über ihren Kitzler rieb. Da er sie heute an den Brüsten und nicht wie in einem Schraubstock am Hintern hielt, konnte sie ihre Beine etwas öffnen und sein Penis rutschte wie selbstverständlich zwischen ihre schlüpfrigen Schamlippen.

»Oh mein Gott«, entfuhr es Henning und er versuchte sofort, ihn zurückzuziehen.

Aber Hannah ließ ihm keine Chance. Diesmal packte sie ihn am Hintern und ihr Becken stieß sie ihm verzweifelt in kleinen, schnellen Stößen entgegen. Sie wollte ihn tief in sich spüren, aber er wehrte sich weiter. Trotzdem hörte er nicht auf, mit seiner prallen Eichel immer wieder ihre Spalte aufzustoßen, was die Innenseite ihrer Oberschenkel erneut nass werden ließ. Das Geräusch seiner Kappe in ihrer Feuchte und sein schneller werdender Atem erregten sie ungemein.

Als sie spürte, wie sein Hintern sich anspannte und er total verkrampfte, war sie so kurz vor dem Höhepunkt, dass sie kam, als sein Sperma mit Druck in sie gepumpt wurde. Nach wie vor war nur seine Spitze in ihr, aber es fühlte sich an, als würde sie von seinem heißen Saft innerlich ausgespült.

Hannahs Orgasmus war heftig, Henning blieb jedoch nicht, um abzuwarten, bis ihre zuckende Spalte sich beruhigt hatte. Sie schob zwei Finger in sich, spürte das Sperma und befriedigte sich so nochmals selbst, bevor sie tief einschlief.

***

Tag 5

Beim Frühstück wirkte Henning nachdenklich und ernst. Hannah fragte sich, ob das Eindringen in sie die Lage für ihn geändert hatte. Unter Umständen hatte er sich zuvor einreden können, dass er seine Frau nicht betrog, und so sein Gewissen beruhigt. Es schien, als würde er jetzt abwägen, ob sich damit etwas änderte. Hannah war ebenfalls gespannt. Sie hatte Angst, dass er nicht mehr zu ihr kommen würde, und bereute, dass sie ihn so überrumpelt hatte.

Während der Wanderung ging sie ihm bestmöglich aus dem Weg, um ihn nicht weiter zu bedrängen, was ihr schwerfiel. Die Erinnerung an das Gefühl seines Schwanzes in ihr, seinen heftigen, intensiven Orgasmus und ihre eigene Befriedigung ließen sie über den Tag immer wieder feucht werden. Sie wollte nicht, dass es jetzt so endete. Sie brauchte mehr von ihm.

Als er aber beim Abendessen nach wie vor nicht besserer Laune war, sein Bier schnell herunterkippte und früh den Tisch verließ, ohne ihr mit einem Blick oder verbal etwas zu signalisieren, schwand ihre Hoffnung. Hannah verabschiedete sich ebenfalls von ihrem Vater und ging enttäuscht auf ihr Zimmer.

Hennings Hand zwischen ihren Beinen weckte sie aus dem Dämmerschlaf. Sie hatte ihn nicht hereinkommen gehört. Er lag hinter ihr, schob seine Finger in ihren Slip und drückte seinen Steifen an ihren Po. Sein Mittelfinger massierte ihre Schamlippen und den Kitzler hart. An seiner Stimme hörte sie, dass er zu schnell getrunken hatte, denn er lallte leicht, als er jetzt dicht an ihrem Ohr leise raunte: »Hast mich gestern überrascht, als du ihn dir einfach geschnappt hast, kleines Luder«, gab er zu und schob dabei ihr Höschen nach unten, sodass sie kurzerhand herausschlüpfte. »Das zeigt mir aber, dass du es genauso willst wie ich und ich mich nicht mehr zurückhalten brauche«, fuhr er fort.

Hannah war erstaunt. Zwar hatte sie erkannt, dass er ebenfalls nachgedacht hatte, aber doch in eine vollkommen andere Richtung als vermutet. Dass er unsicher sein könnte, ob sie es in gleicher Weise wollte, war ihr nicht in den Sinn gekommen. Sie würde ihm schon zeigen, wonach ihr war! Sie drehte sich zu ihm um, kniete sich über ihn und beugte sich vor, um seine nackte Brust zu küssen und daran zu lecken.

Henning beobachtete sie fasziniert dabei und wagte nicht, sie anzufassen. Sie glitt allmählich tiefer und als ihr Gesicht in Höhe seines Nabels war, schob sie mit den Händen seine Hose nach unten. Er stöhnte. Sanft rieb sie ihre Wange an seinem Schwanz und ging dann zuerst tiefer, um ausgiebig an seinen Hoden zu lecken. Wieder saugte sie sie ein, weil sie wusste, dass ihm das gefiel. Doch als sie spürte, wie er sich verspannte, brach sie augenblicklich ab, leckte an seinem Schaft empor, um den ersten austretenden Lusttropfen gierig mit der Zunge aufzunehmen, und kniete sich mit etwas Abstand über ihn. Hastig zog sie ihr Shirt aus und blieb einen Moment über ihm, damit er sie betrachten konnte. Dann griff sie seinen Steifen, führte die Eichel an ihre heiße, feuchte Spalte und drückte sie sanft in sich. Bevor Henning reagieren konnte, setzte sie sich auf ihn und schob sich seinen Schwanz tief in die Muschi. Beide stöhnten auf, weil die momentane Enge das Eindringen leicht schmerzhaft machte.

Henning packte sie am Hintern, hielt sie aber nur sanft und führte sie nicht. Er ließ sie auf sich reiten. Hannah stützte sich mit den Händen auf seinen Brustkorb und versuchte, ihn noch tiefer in sich zu rammen, indem sie sich hochdrückte. Endlich von ihm ausgefüllt zu sein, war göttlich. Henning zog leicht an ihren Hinterbacken und drang so in der Tat weiter ein, als beide es für möglich gehalten hätten. Ihr Saft lief seine Hoden hinunter und Hannah fing an, ihr Becken in großen Stößen auf und ab zu bewegen. Immer wieder ließ sie ihn so weit aus ihrer Muschi, dass nur noch die Eichel in ihr war, um ihn dann erneut so tief in sich zu schieben, dass es sie merklich dehnte. Es fühlte sich an, als würde ihre Möse ihn bei jeder Bewegung fester umklammern, und die Reibung war nur durch ihre Nässe erträglich. Unvermittelt setzte sie sich komplett auf, nahm eine seiner Hände von ihrem Arsch und massierte mit seinen Fingern ihren Kitzler, bis ihre Spalte sich zuckend um seinen Dicken zusammenzog.

Henning stöhnte gequält und drückte sein Becken hart nach oben. Er selbst rieb jetzt brutal ihren Kitzler, während Hannah ihre Brüste knetete und an ihren Nippeln zog, bis sie schwer atmend zum Höhepunkt kam. In diesem Augenblick packte Henning sie am Hintern und schob sie hemmungslos auf seiner Latte auf und ab, bis er sich – zum ersten Mal komplett in ihr – ergoss. Sein Sperma schoss so fest in sie, dass es wehtat und Hannah erschöpft auf seiner Brust liegen blieb, bis sein schlaffer Schwanz aus ihr rutschte. Ihre Säfte flossen aus ihrer Spalte auf seinen Unterleib.

Einige Minuten verharrten sie so und warteten, bis ihre Herzschläge sich beruhigt hatten, dann richtete er sich auf und legte sie neben sich. »Ich denke, es ist besser, wenn ich jetzt gehe«, meinte er zerknirscht. »Es ist einfach zu riskant, dass ich hier einschlafe. Wenn dein Vater mich morgen hier herauskommen sieht, wäre das nicht in unserem Sinn«, fügte er entschuldigend an.

Dies war Hannah durchaus bewusst, aber es fiel ihr schwer, ihn jetzt gehen zu lassen. Trotzdem schlief sie mit einem entspannten Gefühl ein.

***

Tag 6

Nach dieser befriedigenden Nacht war der kommende Morgen stressig. Für heute hatten sie einen Guide gebucht, der sie entlang der Küste zu einer der Touristenattraktionen Norwegens führen würde: zum Trollpikken, dem Trollpimmel. Ein Bild auf diesem Felsen war fast schon Pflicht bei einem Norwegenbesuch und die Geschichte um den zerstörten und wiederhergestellten Stein war legendär.

Der Guide war wenig älter als Hannah und da er sich bevorzugt in ihrer Nähe aufhielt, verhinderte er vorläufig jedes Gespräch über den Vorabend zwischen ihr und Henning.

Gegen Mittag erreichten sie den Felsvorsprung und der Guide bot sich an, sie alle darauf zu fotografieren. Bei den Männern war er schnell fertig. Hannah aber ließ er breitbeinig auf dem Felsen sitzen und bat sie, bis an die Spitze zu rutschen.

»Ich glaube, nachdem Sie darauf gesessen haben, steht er noch ein klein wenig mehr als zuvor«, ließ er sie hinterher zwinkernd wissen.

Ihr Vater lachte, aber Henning wirkte, als würde er dem jungen Mann gleich an die Gurgel gehen. Er ließ sich zurückfallen und auch Hannah verlangsamte ihr Tempo, weil sie das

Bedürfnis verspürte, endlich mit ihm über gestern zu reden. Ihr Vater verwickelte glücklicherweise den aufdringlichen Guide in ein Gespräch und eilte mit ihm voran.

Langsam kamen sie erneut in Waldgebiet und bald darauf waren die beiden anderen endlich hinter einer Kuppe außer Sichtweite. Hannah sah Henning anfangs nicht. Dann entdeckte sie ihn mit dem Rücken zu ihr stehend und dachte zunächst, sie hätte ihn beim Pinkeln erwischt, als sie ihn vorsichtig von hinten ansprach. Dass es nicht so war, bemerkte sie, als er sich zu ihr umdrehte. Er hielt seinen Schwanz zwar in der Hand, aber der war steif und er wichste ihn.

»Hat es dir gefallen, auf dem dicken Teil für den Schönling zu posieren?«, wollte er wissen und seiner Stimme war deutlich die Eifersucht anzuhören. Trotzdem war offensichtlich, dass es ihn ebenso aufgeilte. »Ich sorge dafür, dass du heute Abend voll auf deine Kosten kommst, wenn du das willst«, ließ er sie wissen und genoss offenbar, wie sie ihn beim Masturbieren beobachtete.

Hannah sah sich nervös um. Was wollte er damit beweisen? Wenn ihr Vater oder der Guide umkehrten, um nach ihnen zu sehen und sie so erwischten, würden sie in Erklärungsnot kommen. Trotzdem schaffte sie es nicht, ihren Blick von seinem prachtvollen Penis abzuwenden. Beherzt machte sie einen Schritt auf ihn zu, nahm ihm seinen Schwanz aus der Hand und wichste ihn hart. »Ja, beweise mir heute Abend, was für ein Mann du bist«, feuerte sie ihn an. »Ich werde den Guide abblitzen lassen und will es nicht bereuen«, ließ sie ihn wissen.

Sie hatte nicht vor, ihn loszulassen, bevor er gekommen war, und Henning stöhnte gequält unter ihrem erbarmungslosen Griff. Ihre Härte erregte ihn extrem und schnell war er so weit, dass er sein Sperma auf den Waldboden vor sich spritzte.

Hannah wich dem geschickt aus, drückte den Rest aus seinem Glied hervor und packte seinen schlaffen Penis danach emotionslos in seine Hose zurück. »Enttäusch mich nicht!«, warnte sie ihn abschließend, dann drehte sie sich um und versuchte, die anderen einzuholen.

An diesem Abend kehrten sie in einer Jugendherberge ein. Ihr Guide würde ebenfalls hier übernachten und am nächsten Tag eine Gruppe in die andere Richtung führen. Glücklicherweise war diese schon hier und die jungen Leute lotsten ihn zu sich an den Tisch, um ihm Fragen zum Verlauf des Marsches zu stellen. Das gab Hannah die Gelegenheit, sich bald zu verabschieden und in ihrem Zimmer auf Henning zu warten.

Als er den Raum kurz darauf betrat, war er ungewohnt selbstsicher. Ohne Umschweife stieg er aus seiner Hose, kam im Bett über sie und präsentierte ihr seinen Steifen. Hannah imponierte seine Dominanz und sie schlüpfte rasch aus Shirt und Slip, um sich ihm entsprechend anbieten zu können.

Henning zögerte nicht. Er drückte ihr Becken an den Oberschenkeln hoch und tauchte seine steife Latte von oben senkrecht in ihre so geöffnete Spalte. Hannah stöhnte laut auf. Immer wieder trieb er sich zwischen die feuchten Schamlippen und ließ sie fortwährend geräuschvoller werden. Wie im Rausch fickte er in sie und erst nachdem sie zweimal gekommen war, spritzte er sein Sperma diesmal auf ihre Scheide und ihren Bauch.

Erschöpft sank er neben ihr auf das Laken und blieb ungewohnt lange bei ihr. Verträumt strich er dabei über ihren besamten Schambereich und streichelte ständig ihre geschwollenen Schamlippen, bevor er sich missmutig verabschiedete und in sein Zimmer verschwand.

***

Tag 7

»Hat sich angehört, als hätte jemand heute Nacht auf unserem Flur mächtig Spaß gehabt«, meinte ihr Vater grinsend zur Begrüßung am nächsten Morgen.

Hannah wusste nicht, ob er darauf anspielte, dass er glaubte, sie mit dem Guide belauscht zu haben, oder ob es ihn allgemein amüsierte, irgendwelche Leute beim Sex vernommen zu haben. Sie vermied es, darauf einzugehen, und behauptete, nichts gehört zu haben. Henning erklärte ebenfalls, keine Geräusche mitbekommen zu haben, und ihr Vater schien enttäuscht, mit niemandem lästern zu können, sodass er am Anfang der Strecke allein voranging.

Henning nutzte die Chance, sich endlich mehr mit Hannah zu unterhalten. »Gestern war unglaublich«, fing er an.

Hannah nickte, ließ ihn aber reden, weil sie das Gefühl hatte, dass er das jetzt brauchte.

»Du bringst eine Seite an mir zum Vorschein, die ich bisher nicht kannte«, gab er zu.

Hannah nickte und sah ihm in die Augen. Ihr fiel ebenfalls die Veränderung an Henning auf. Er wirkte hier wie im Bett stärker, selbstbewusster und männlicher in seinem Verhalten als zu Beginn der Reise.

»Ich würde gern etwas mit dir versuchen, was ich mir schon lange wünsche, was ich bisher aber noch nie bei einer Frau fordern konnte oder wollte.«

Hannahs Blick wurde neugierig. Was konnte es sein, das er sich wünschte?

»Ich würde gern einmal auch den hinteren Bereich erkunden, wenn du verstehst, was ich meine? Das reizt mich extrem«, gestand er geil, sah sie jetzt aber nicht mehr an.

Hannah konnte es nicht verhindern, bei dieser vorsichtigen Umschreibung musste sie lachen. Ihr Ex war ein Freund von Analverkehr gewesen und sie hatte durchaus schon Erfahrungen gesammelt, was sie jetzt ebenso diskret einzuwerfen versuchte. »Das lässt sich einrichten. Ich mag das gern«, gab sie daher nur zurück und musste erneut grinsen, als sie sah, wie Hennings Augen bei der Erkenntnis, dass das nichts Neues für sie war, groß wurden. Sie ließ ihn mit diesem Wissen zurück und schloss zu ihrem Vater auf.

Bald war Henning ebenfalls bei ihnen, sodass sie eine angeregte Unterhaltung zu dritt führen konnten. Der Rest des Tages verlief harmonisch, wenn sie ihm auch, wann immer möglich, einen vielsagenden Blick schickte, was Henning zusehends erwartungsvoller machte.

Zu später Stunde kam er dann weniger selbstsicher als am Abend zuvor zu ihr. Ihm war anzumerken, dass es ihn verunsicherte, dass sie hier mehr Erfahrungen vorzuweisen hatte als er. Hannah hatte versucht, sich bestmöglich zu entspannen und darauf vorzubereiten, dass er anal in sie eindringen wollte. Etwas anderes konnte sie momentan nicht tun und auch sie war jetzt aufgeregt, als er aus seiner Hose stieg und seinen strammen Schwanz entblößte, der trotz aller Aufregung steif war. Sie wollte das mit ihm erleben und brannte darauf, seine Reaktion zu sehen, wenn er ihre enge Pforte passierte. Nackt erwartete sie ihn und als er sich zwischen ihre Beine kniete, überzog ihren kompletten Körper eine Gänsehaut.

Trotz aller Vorfreude drang er zuerst in ihre mehr als bereite Muschi ein und genoss einige Stöße lang ihre Wärme und Feuchte. Dann zog er seinen nass glänzenden Schwanz aus ihr und setzte die Eichel an ihrer Rosette an. Er sah ihr tief in die Augen und erst als sie die Lider herunterschlug und kaum merklich nickte, fing er an, vorsichtig ihre hintere Öffnung aufzustoßen.

Hannah hatte die Augen geschlossen und konzentrierte sich darauf, zu entspannen, um ihn schmerzfrei eindringen zu lassen. Immer wieder stöhnte er »Oh mein Gott!«, erregte sie damit zusätzlich und brachte sie dazu, seinem Steifen entgegenzustoßen, obgleich er zu groß für die kleine Öffnung erschien.

Hennings Stöhnen wurde bei jedem Zentimeter lauter, den er weiter vordrang. Er wandte den Blick nicht von ihrem sich weitenden Anus und seinem dort hineindringenden Penis ab und es war nicht zu übersehen, wie unglaublich es ihn anmachte. Kaum hatte er es geschafft, seinen Dicken komplett in ihr zu versenken, fing er schon an, immer wieder hart in sie zu stoßen und den Anblick förmlich in sich aufzusaugen.

Hannah versuchte, ihn so weit auf sich zu ziehen, dass er bei seinen Bewegungen gleichzeitig ihren Kitzler und ihre Spalte massierte, und empfand dann größte Lust bei seinen wuchtigen Stößen. Bedauerlicherweise merkte sie ihm sofort an, dass er die Intensität der Penetration nicht lange aushalten würde. So presste sie sich immer stärker gegen ihn, bis sie gleichzeitig mit ihm zum Orgasmus kam und sich nicht weniger stöhnend als er den Arsch mit Sperma vollpumpen ließ.

Erneut blieb er nicht lange genug, um ihr Bedürfnis nach Wärme zu stillen, aber ihr war klar, dass der Urlaub dem Ende zuging, und sie akzeptierte das.

***

Tag 8

Der nächste Tag führte sie wieder großteils durch dichte Wälder und Hannah versuchte oft, Abstand zu ihrem Vater und Henning zu gewinnen, weil ihr die Endlichkeit dieses Ausflugs und seiner Vorzüge bewusst geworden war und sie Zeit zum Besinnen brauchte. Sie müsste sich jetzt nehmen, was sie begehrte, weil Henning dann wieder bei Gritt wäre.

An diesem Abend trank Henning mehr als gewöhnlich, und als er in ihr Bett kroch, war er kaum in der Lage, geradeaus zu sehen. Keine zehn Minuten später war er eingeschlafen. Zunächst war Hannah enttäuscht, als sie aber die knallharte Erektion zwischen seinen Beinen ertastete, änderte sich das schlagartig. Für einen Moment spielte sie mit dem Gedanken, sich an ihn zu schmiegen und seine Nähe zu genießen, dann aber wurde ihr erneut die Kürze der Zeit bewusst und sie überlegte es sich anders. Er war eindeutig geil, weshalb sollte sie das nicht nutzen? Entschlossen entledigte sie sich ihres Slips und setzte sich gefühlvoll auf seinen Steifen. Henning stöhnte im Schlaf, wehrte sich aber nicht, was sie ermutigte, ihn tiefer in sich zu reiten. Es war ein unglaublich befriedigendes Gefühl, seinen Schwanz so benutzen zu können, wie sie es brauchte, und da er nichts mitzubekommen schien, hatte Hannah keinerlei Hemmungen. Sie ritt seinen Steifen langsam tief in sich und rieb dabei ihren Kitzler an seinem Bauch, bis sie es kaum mehr ertragen konnte. Ihr Höhepunkt war lang und intensiv und sie ließ ihn in sich stecken, obwohl ihre Muschi sich längst beruhigt hatte.

Henning öffnete erst kurz vor seinem Orgasmus die Augen, sah sie dann aber durchdringend an und spritzte seinen Saft stöhnend und sich aufbäumend tief in sie. Sie vermutete, dass ihm nicht bewusst war, wie kurz sie davor gewesen war, von ihm abzusteigen, ohne ihm Befriedigung zu gönnen.

In dieser Nacht schlief er bei ihr ein und verschwand unbemerkt im Morgengrauen, was Hannah mit einem flauen Gefühl in der Magengrube erwachen ließ. Es störte sie nicht nur, dass er gegangen war, ohne sich zu verabschieden. Auch, dass sie nicht wusste, woran er sich erinnern würde, wurmte Hannah.

***

Tag 9

Der kommende Morgen verlief entsprechend kühl und das gemeinsame Frühstück schweigsam. Trotzdem versuchte Hannah dauernd, Henning in ein Gespräch zu verwickeln. Sie wollte die letzten Tage angenehm verbringen, während er auf Abstand zu gehen schien. Sie war sich absolut nicht mehr sicher, was er ihr gegenüber empfand und ob er an diesem Abend zu ihr kommen würde.

In den Abendstunden verzichtete er überraschend auf jeden Alkohol und warf ihr ständig tiefe Blicke zu, was erneut

Hoffnung in ihr wachsen ließ. Trotzdem war sich Hannah nicht mehr sicher, was er von ihrer Verbindung erwartete und sich erhoffte.

Umso erfreuter war sie, als er später in ihrem Zimmer aufkreuzte. Er war vollkommen nüchtern und betrachtete sie lange, bevor er zu ihr ins Bett stieg. Seinen Gesichtsausdruck konnte sie nicht deuten, seine Annäherung dann aber durchaus. Er rieb seinen harten Penis zwar an ihrer Spalte, machte währenddessen jedoch keine Anstalten, hineinzufahren, was sie annehmen ließ, dass er heute keinerlei Interesse an ihrer Muschi hatte. Hannah konnte sich denken, wonach ihm der Sinn stand. Eisern stieß er zügellos in ihren Arsch, ohne abzuwarten, dass sie sich darauf einstellte. Sie stöhnte gepeinigt auf, entspannte dann aber gekonnt ihren Schließmuskel, um ihn einzulassen.

Genauso erbarmungslos, wie er zuvor in ihren Po gefahren war, trieb er seinen Steifen jetzt in ihre Muschi und gab ihr keine Pause. Gnadenlos wechselte er zwischen ihren beiden Löchern und wurde dabei immer härter. Hannah erstaunte es, wie er sich vom ersten Tag an verändert hatte. Von dem vormals vorsichtigen Mann war nichts mehr übrig. Er benutzte seinen Schwanz wie eine Waffe und fickte ihn so lange in sie, bis er sein Sperma wieder tief in ihren Arsch abspritzte.

Auch diesmal ging er nicht. Er legte sich neben sie und nahm sie in den Arm, als wäre dies das Selbstverständlichste auf der Welt. Hannah ließ es nur zu gern zu, selbst wenn es sie traurig machte. Ihnen blieben nur ein Tag und eine Nacht, dann würde er wieder mit seiner Frau schlafen, war das schmerzliche Bewusstsein, welches jetzt in ihrem Kopf vorherrschte. Wie sie es schaffen sollten, so zu tun, als wäre nichts passiert, konnte sie sich gar nicht vorstellen. Trotzdem war ihr klar, dass sie kein Anrecht auf ihn hatte und auch kein Interesse daran, seine Ehe zu zerstören. Er hatte ihr nie etwas versprochen und dennoch hatte sie sich auf alles mit ihm eingelassen. Sie fiel in einen seichten, nicht sehr erholsamen Schlaf.

***

Tag 10

Hannah erwachte neben Henning und sog seinen Geruch und seine Nähe förmlich in sich auf, bevor sie sich erhob und die trüben Gedanken wiederkamen. Sie zog sich an und weckte ihn erst dann. Er wirkte ebenfalls blass und unglücklich an diesem Morgen und ihr Vater machte sich bald Sorgen um die beiden. Er freute sich auf zu Hause und wollte am Abend, wenn sie in der Stadt in ihrem Hotel angekommen wären, noch ein Mitbringsel für Hannahs Mutter besorgen.

Henning nutzte jede sich bietende Gelegenheit, um mit Hannah einige Meter allein zu laufen. »Ich kann nicht glauben, dass unsere gemeinsame Zeit morgen schon endet«, sagte er bei einem dieser Augenblicke. »Ich sollte auch etwas für Gritt besorgen, aber ich will ja nicht mal zurück, wie soll mir da etwas Passendes einfallen?«, jammerte er.

Hannah nickte, sie empfand genauso. »Wenn du möchtest, helfe ich dir«, bot sie an, obwohl es ihr dabei schmerzhaft den Magen zusammenzog.

Henning zuckte die Schultern, was keine Antwort war, aber zeigte, wie belanglos ihm das erschien. »Hauptsache, wir haben diese Nacht noch für uns«, war sein Wunsch und auch hierzu nickte Hannah.

Viel zu bald erreichten sie Bergen und checkten in ihrem gemütlichen Hotel ein, welches im Vergleich zu den Unterkünften der vergangenen Tage unheimlich luxuriös wirkte. Es lag so nah am Flughafen, dass sie morgen direkt dorthinfahren und nach Deutschland abfliegen könnten, was vorteilhaft war.

Nachdem sie die Stadt unsicher gemacht und beide Männer ein Geschenk für ihre Frau gefunden hatten, wollten sie den

Tag im Restaurant des Hotels ausklingen lassen. Jetzt wurde ihr Vater ebenfalls etwas melancholisch.

Wirkliche Stimmung kam nicht mehr auf und nachdem der Flug in aller Herrgottsfrühe starten würde, beschlossen sie, auf ihre Zimmer zu gehen.

Keine zwanzig Minuten später klopfte es an Hannahs Tür. Sie ließ Henning herein und umarmte ihn sofort. Sie wollte ihn noch einmal spüren, aber ihre Schwermut drohte den letzten Abend zu zerstören.

Er hielt sie zunächst einfach fest. »Ich will nicht, dass das hier endet«, hauchte er an ihrem Ohr und begann dann, stürmisch ihren Hals zu küssen.

Wie Blitze schossen die Wellen der Erregung durch ihren Körper und erzeugten eine Gänsehaut darauf. Sie packte Hennings Gesicht und zog seinen Mund auf ihren, um seine Küsse mit einem gierigen Zungenkuss zu erwidern.

»Ich will nicht zurück«, presste er hervor und zog ihr dabei Shirt und BH aus.

Die Verzweiflung darüber, dass er morgen nicht mehr haben könnte, was er so begehrte, ließ ihn ihre Brüste so fest kneten, dass sie sich röteten. Nachdem Hannah ihn von seinem Hemd befreit hatte, saugte er gierig an ihren Brustwarzen, bis sie vor Verlangen laut stöhnend seinen Kopf tiefer drückte. Er verstand und schob ihren Slip nach unten, bevor er sein Gesicht zwischen ihren Schenkeln versenkte, um dort genauso lustvoll an ihrem Kitzler zu saugen und durch ihre Spalte zu lecken.

Hannah wurden die Knie weich. Sie konnte nicht mehr stehen bleiben, stieg komplett aus ihrem Höschen und setzte sich mit weit gespreizten Beinen auf das Bett.

Henning nutzte den Moment, um seine Hose ebenfalls auszuziehen. Sein Schwanz stand im gleichen Winkel von ihm ab wie der Trollpimmel von dem Bergmassiv und erregte Hannah extrem. »Dreh dich um!«, forderte Henning und sie gehorchte sofort.

Sie kniete sich vor das Bett, den Oberkörper auf die Matratze gestützt, und bot sich ihm von hinten an. Er ging hinter ihr ebenfalls auf die Knie und drang dann sofort in sie ein. Es tat so gut, ihn zu spüren, und als er sie an den Brüsten packte, um ihren Oberkörper nach oben zu ziehen, steigerte das ihre Ekstase noch. Mit einer Hand zog er an ihrem Nippel, die andere schob er von vorn zwischen ihre Beine, um ihr die Möglichkeit zu geben, ihren Kitzler daran zu reiben.

So in seinem festen Griff und von ihm ausgefüllt, kam Hannah schnell zum Orgasmus. Henning genoss das Zucken ihrer Muschi um seinen Prallen, als sie kam, dann entzog er ihn ihr. »Nimm ihn jetzt in den Mund!«, flehte er und sie drehte sich um, um genau das zu tun.

Er kostete aus, wie sich ihr Mund um seinen mit ihrem Saft beschmierten Schwanz schloss, und stieß ihr hemmungslos in den Hals. Wieder kam die Mutlosigkeit in ihm hoch und er prügelte ihn ihr immer härter in den Rachen, während er mit beiden Händen ihr Gesicht festhielt. Hannah musste ihn von sich drücken, um zu atmen, und in diesem Moment spritzte er ihr seinen heißen Saft ins Gesicht.

Sie zuckte nicht weg, ließ zu, dass er sie so inbrünstig besamte, und lutschte seinen Penis danach sauber, obwohl ihr schon die Tränen in den Augen standen. Es war vorbei und jetzt bereute sie, sich nicht mehr Zeit gelassen zu haben.

Henning reinigte liebevoll ihr Gesicht und kroch dann ganz selbstverständlich mit zu ihr ins Bett. Diese Nacht würde er noch bei ihr sein und das war es, was ihr letztlich beim Einschlafen half, nachdem sie lange schweigsam beieinandergelegen hatten. Sie hätte so gern ihre Gefühle mit ihm geteilt, ihm erklärt, wie sehr auch sie sich wünschte, dass die gemeinsame Zeit nicht enden musste, aber sie wagte es nicht. Die Konsequenzen waren ihr durchaus bewusst und das konnte sie nicht von ihm verlangen.

Der Heimflug verlief reibungslos und als sie zu Hause aus ihrem Taxi stiegen, wurden sie von den erholt aussehenden Frauen empfangen. Die beiden waren schon am Abend des Vortages angekommen und konnten jetzt kaum erwarten, von ihren Erlebnissen zu berichten. Hannah verspürte einen kurzen Stich, als Henning seine Gritt zur Begrüßung küsste und umarmte. Der sehnsuchtsvolle Blick, den er ihr dabei über deren Schulter hinweg zuwarf, verstärkte das Ziehen in der Herzgegend noch und sie überlegte, unter welchem Vorwand sie sich schnell in ihr Zimmer verziehen könnte.

Ihre Mutter verschwand in der Küche, um zur Feier des Wiedersehens eine Flasche Sekt zu köpfen, da legte ihr Vater einen Arm um ihre Schulter und flüsterte ihr zu: »Lass den Kopf nicht hängen, Kleines. Gib ihm etwas Zeit. Ich bin sicher, er hält es kaum noch aus vor Sehnsucht nach dir! Dann findet sich ein Weg.«

Er ignorierte ihren entsetzten Blick, küsste ihre Stirn und murmelte, während er ihrer Mutter folgte, etwas, das klang wie: »Bin ja nicht von gestern, dachten ernsthaft, ich bekomme nichts mit«, was sie zum Lächeln brachte.

Womöglich hatte ihr Vater recht. Sie würde abwarten und egal, wie sich die Dinge entwickeln würden, war es beruhigend zu wissen, dass ihr Vater sie nicht verurteilte und sie mit ihm reden konnte.

ICH WILL DOMINIERT WERDEN

Beatrice verließ erleichtert das Wahllokal. Ein Kollege half ihr, die Stimmzettel und Aufzeichnungen zur diesjährigen Kommunalwahl zum Auto zu tragen. Sie als Schriftführerin musste das alles jetzt im Rathaus abliefern, aber die Auszählung der Stimmen war erfreulich schnell gelaufen und es hatte keine Unstimmigkeiten gegeben. Die offizielle Sonntagsarbeit war somit abgeschlossen. Trotzdem wollte sie im Rathaus bei den Kollegen abwarten, bis das endgültige Wahlergebnis feststand. Sie hatte mehr als viele andere ein persönliches Interesse am Ergebnis, da sie seit zehn Jahren im Vorzimmer des Bürgermeisters saß und diesen Platz gern behalten wollte.

Es gab dieses Mal nur zwei Kandidaten und ihr Favorit war eindeutig Jens Bacher. Nicht nur, dass er aus dem öffentlichen Dienst kam und dadurch die Vorgehensweise im Amt schon kannte, er war auch rein optisch ansprechender als sein Kontrahent. Und jünger! In den letzten Wochen waren beide des Öfteren ins Rathaus geschneit und Herr Bacher war immer äußerst zuvorkommend gewesen, während sein Gegner ein Schnösel zu sein schien, der keine Ahnung von Kommunalpolitik hatte.

Beatrice war nur wenige Jahre nach ihrer Ausbildung vom Einwohnermeldeamt ins Vorzimmer des Bürgermeisters gewechselt und hatte dort fast zwei Amtsperioden lang mit ihrem »Noch-Chef« Herrn Hartig eine angenehme Zeit gehabt. Ihm hatte es geholfen, dass sie frisch und gesetzesgeübt war, ihr hatte seine Lebenserfahrung Rückhalt gegeben. Man hatte sich gegenseitig unterstützt. Jetzt ging er leider in Rente und es blieb abzuwarten, ob der neue Bürgermeister sie weiterhin bei sich im Büro haben wollte.

***

Schon eine Stunde später stand es fest: Jens Bacher war der neue Oberbürgermeister ihrer kleinen Gemeinde und Beatrice stieß glücklich mit den Kollegen an. Jeder war erleichtert, nicht den abgehobenen, neunmalklugen Nichtswisser als Chef bekommen zu haben, und alle waren sich einig: Jens Bacher würde man sich »erziehen«.

Beatrices Hochgefühl schwand jedoch schon während der Heimfahrt. Ob sie bleiben durfte, würde sich erst in drei Wochen nach Herrn Bachers offiziellem Dienstantritt endgültig entscheiden und selbst dann nicht sofort. Eine spannende Zeit stand ihr bevor.

Jens Bacher kam jetzt fast täglich vorbei, um auf dem Laufenden zu sein. Neben Herrn Hartig war Beatrice dabei seine Hauptansprechperson, was ihr Hoffnung machte.

***

Nach vierzehn Tagen dann sagte er bei einer Tasse Kaffee den entscheidenden Satz, der ihr einen Stein vom Herzen fallen ließ: »Es ist beruhigend, wie gut wir zusammenarbeiten, da werden die kommenden sechs Jahre ein Klacks!«

Beatrice wäre ihm am liebsten um den Hals gefallen, endlich hatte sie Gewissheit und konnte wieder entspannter in die Zukunft blicken. Jetzt gingen ihr die Vorbereitungen für seinen Amtsantritt leichter von der Hand und sie freute sich schon, mit diesem kompetenten, gut aussehenden Mann arbeiten zu dürfen.

Die ersten Tage waren stressig, trotzdem behielt er recht. Sie waren ein gutes Team. Mittlerweile wusste sie, dass er zwar vergeben, aber nicht verheiratet war. Seine Lebensgefährtin war Beatrice zu Beginn sympathisch gewesen, im Verlauf der ersten Wochen entpuppte sie sich allerdings als bissige Tussi. Beatrice fragte sich, ob ihr das höhere Gehalt ihres Freundes so schnell zu Kopf gestiegen war oder nur die Tatsache, eine »Frau Bürgermeister« geworden zu sein. War sie zuerst in Jeans, T-Shirt und Turnschuhen aufgekreuzt, sah man sie mittlerweile nur topgestylt und in vermutlich sündhaft teuren Kostümen. Beatrice konnte sich beim besten Willen nicht vorstellen, dass Jens die Verwandlung seiner Freundin gut fand oder gar darauf bestanden hatte. Ihr konnte es aber letztlich egal sein. Sie lebte damit, dass »Frau Bürgermeister« spätestens jeden zweiten Tag in eine Parfümwolke gehüllt hereinschneite, um nach ihrem

Jens zu sehen. Und sie fand sich ebenfalls damit ab, dass sie immer öfter patzig reagierte, wenn sie ihr erklärte, dass es nicht ging, weil er in einer Besprechung war. Und die nahmen zugegebenermaßen extrem zu. Schon nach einem Monat war der Terminkalender von Herrn Bacher voll.

Auch Beatrice blieb nicht selten länger, um ihn so gut es ging zu unterstützen, weil man ihm anmerkte, dass es anstrengend und ungewohnt für ihn war, ständig präsent zu sein. Er war ihr nicht nur als Chef sympathisch, sondern ebenso als Mensch. Daher war es ihr ein Bedürfnis, zumindest so lange zu bleiben, dass sie ihn nach allen Terminen mit einem frischen Kaffee verwöhnen und ihm einige aufbauende Worte schenken konnte.

»Sie machen sich einfach hervorragend als Bürgermeister!«, sagte sie dann oft oder: »Was Sie heute geschafft haben, ist Wahnsinn. Herr Hartig hat nach so einer Terminflut am nächsten Tag oft erst um neun Uhr angefangen.«

Jens Bacher wollte nie später anfangen, aber Beatrice war es wichtig, ihm damit zu sagen, dass andere ebenfalls bei diesem Pensum geschlaucht waren. Sie war nicht sicher, ob ihm ihre Bemühungen auffielen oder sogar guttaten.

Dass seiner Freundin die Überstunden nicht gefielen, war dagegen offensichtlich. »Haben Sie Jens nicht ausgerichtet, dass ich hier war und er mich anrufen soll?!«, wetterte sie, als sie das zweite Mal an diesem Tag vor Beatrice im Büro stand. »Schreiben Sie sich doch einen Zettel, wenn Sie so vergesslich sind!«

Beatrice ignorierte diese Bemerkung zuerst, fühlte sich dann aber doch gezwungen, impulsiv eine pinke Haftnotiz in die Luft zu halten und zu antworten: »Frau Janek, ich bin nicht vergesslich und habe mir trotzdem eine Notiz gemacht. Herr Bacher war nur einfach noch nicht frei, seit Sie das letzte Mal da waren, so hatte ich noch keine Gelegenheit, ihm auszurichten, dass Sie ihn sprechen wollen.« Sie hielt das Papier absichtlich so, dass die wütende Frau den Text nicht sehen konnte. »Der Drache bittet um Rückruf«, hatte sie nämlich daraufgeschrieben.

Das bloße Vorhandensein einer Nachricht schien ihr Gegenüber allerdings schon zu beruhigen. »Ich will ihn nicht sprechen, ich MUSS! Es ist wirklich extrem wichtig! Sagen Sie ihm das!«, drängte sie etwas versöhnlicher. »Wie lange hat er denn heute?«, fragte sie, ohne eine Antwort abzuwarten. Dabei schnappte sie sich kurzerhand den Terminkalender auf Beatrices Tisch und drehte ihn zu sich um, um die Termine zu lesen.

Die reagierte blitzschnell, klebte den verfänglichen Zettel vorsorglich unter den Schreibtisch zu ihrer Tastatur und drehte den Kalender wieder zu sich. »Um 17:30 Uhr ist der letzte Termin für heute und ich vermute, es dauert ungefähr eine halbe Stunde«, gab sie vage preis.

Die Neugier von »Frau Bürgermeister« war noch nicht befriedigt und sie versuchte nochmals, über Kopf den Text auf dem Kalender zu lesen. »Wer kommt denn da so spät?«

Beatrice legte energisch ihre Hand darüber. »Selbst wenn ich wollte, dürfte ich Ihnen das nicht sagen. Das fällt unter den Datenschutz!«, wurde sie allmählich sauer.

»Ja, ja, schon gut! Ich frag einfach nachher Jens!«, erwiderte Frau Janek schnippisch und stolzierte zur Tür, um sich dort, mit der Klinke in der Hand, noch mal umzudrehen und zu giften: »Vergessen Sie einfach nicht, ihm Bescheid zu geben. Sagen Sie ihm: GANZ DRINGEND!«

Beatrice nickte geduldig, griff unter den Tisch und hielt nochmals demonstrativ den pinkfarbenen Zettel nach oben. Das stellte Frau Janek zufrieden und sie ging endlich.

Beatrice beobachtete durch das Fenster, wie sie mit ihrem neuen Sportwagen vom Parkplatz brauste, und schüttelte genervt den Kopf. Prompt in diesem Moment öffnete sich die Tür zum Zimmer des Bürgermeisters und sein Gast verabschiedete sich.

Beatrice sprang sofort von ihrem Platz auf, um ihrem Chef in sein Büro zu folgen und die zehn Minuten bis zum nächsten Termin zu nutzen. Sie brauchte einige Unterschriften von ihm und wollte ihm vor allem mitteilen, dass er seine Lebensgefährtin anrufen sollte. Während sie ihm die Papiere auf den Tisch legte und mit dem Zeigefinger auf das Unterschriftsfeld tippte, um ihm zu zeigen, worum es ging, erklärte sie schnell: »Frau Janek war schon zweimal da und bittet gaaanz dringend um Rückruf. Scheint ein Notfall zu sein. Bitte machen Sie das sofort, wenn möglich, sonst ist sie sauer auf mich.«

Herr Bacher runzelte die Stirn. »Mehr hat sie nicht gesagt?«, fragte er besorgt.

Beatrice schüttelte den Kopf. »Sie will Sie sprechen, mehr weiß ich nicht«, ließ sie ihn wissen und hob dabei entschuldigend die Hände.

Jens Bacher nahm sofort den Telefonhörer ans Ohr und wählte hastig die Nummer. Beatrice schnappte sich die unterzeichneten Dokumente und wollte diskret den Raum verlassen, da sah er ihr in die Augen und flüsterte fast flehend: »Kaffee!« Er klemmte den Hörer zwischen Schulter und Ohr und machte mit den Händen eine bittende Geste, was Beatrice zum Grinsen brachte. Sie zeigte einen Daumen nach oben und verschwand, weil er sich meldete und danach seiner besseren Hälfte zuhörte.

Eine Minute später schlich sie mit einer dampfenden Tasse Kaffee in den Raum und stellte sie leise vor ihrem Chef auf den Tisch. Erneut suchte er Blickkontakt und bedankte sich mit einem stillen Kopfnicken bei ihr.

»Hör zu, Lina, ich glaube echt, das besprechen wir heute Abend! Ich bin wirklich nicht der Meinung, dass wir uns ausgerechnet jetzt einen Pudel anschaffen sollten! Lina?«

Beatrice hatte diesen Teil des Gesprächs zwangsläufig mitgehört und konnte sich ein Grinsen nicht verkneifen.

Jens, der genervt geklungen hatte, sah sie an, schüttelte den Kopf und zuckte ratlos mit den Schultern. »Jetzt hat sie einfach aufgelegt!«, teilte er Beatrice mit, die lieber nichts dazu sagte. »Die Anschaffung eines Hundes ist der dringende Notfall«, fügte er an, grinste jetzt aber ebenfalls und zwinkerte ihr zu. »Gleich kommt mein letzter Termin für heute. Sind Sie danach noch da?«, wollte er unvermittelt wissen.

Beatrice überlegte einen Moment. Ursprünglich hatte sie gehen wollen, aber er wirkte, als wollte er sie danach gern noch mal sehen, und so entschied sie spontan: »Ja, ich habe noch einiges abzuheften.« Demonstrativ nahm sie einen Ordner aus dem Schrank und verließ damit den Raum, weil es draußen an ihrer Tür geklopft hatte. Der 17:30-Uhr-Termin war da.

Beatrice erledigte die Ablage, die nicht eilig gewesen wäre, und fragte sich selbst, weshalb sie länger blieb. Sie musste sich eingestehen, dass sie grundsätzlich gern allein mit ihm Überstunden machte, und vorhin war zwischen ihnen so eine Stimmung gewesen. Zumindest bildete sie sich das ein. Und immerhin hatte er ja darum gebeten, dass sie länger blieb. Zugegebenermaßen nicht wortwörtlich, aber das hatte er offensichtlich gemeint. Verwunderlich fand sie es auf jeden Fall nicht, dass er bei so einer nervigen Freundin zu Hause lieber Zeit mit ihr verbrachte. Sie war zwar nicht so aufgetakelt wie die, aber womöglich gefiel ihm genau das? Meist trug sie, so wie heute, Seidenblusen in knalligen Farben und dazu schwarze Stoffhosen. Dunkle, hohe Pumps machten den Look komplett und man war damit immer angemessen angezogen. Röcke trug sie nur selten, aber die konnte man ebenfalls perfekt mit den farbigen Blusen kombinieren.

Erschrocken sah sie auf, als sich die Tür von Herrn Bachers Zimmer öffnete. Sie war so in Gedanken gewesen, dass sie komplett die Zeit vergessen hatte. Der Besucher verabschiedete sich. Sie würde jetzt den Chef fragen, ob er noch etwas brauchte, und dann ebenfalls gehen.

Als Beatrice das Büro betrat, öffnete der Bürgermeister gerade die oberen Knöpfe seines Hemdes und atmete tief durch, dabei fuhr er sich durch die Haare und zerzauste sie damit. Er sah erschöpft, aber so leger extrem sexy aus.

Beatrice betrachtete ihn kurz sehnsuchtsvoll, bevor sie fragte: »Brauchen Sie mich noch? Mögen Sie jetzt noch einen Kaffee, in Ruhe?«

Er reichte ihr die leere Tasse über den Tisch und nickte. »Kaffee? Gern! Wollen Sie gleich los?«

»Ich bringe Ihnen Ihren Muntermacher, räume noch auf und ja, dann würde ich gehen.«

Er nickte noch mal, antwortete aber nichts, sodass Beatrice ging, um den Kaffee zu holen. Der Mann war fertig, das sah man ihm an, und trotzdem stand er vor seinem Schreibtisch und las konzentriert irgendwelche Unterlagen, die sein letzter Gast dagelassen hatte, als sie ihm die erneut gefüllte Tasse brachte. Sie ging leise wieder, um ihn nicht zu stören, räumte ihren Arbeitsplatz auf und betrat dann ein letztes Mal sein Büro, um die Ordner in seinen Schränken zu verstauen und sich zu verabschieden.

Dieses Mal sah er sie an, als sie den Raum betrat. Beatrice lächelte ihn an und wandte sich dann dem Schrank zu. Sie beugte sich tief hinab, um die Akten in die unteren Fächer zu stellen. Sie fragte sich selbst, wann sie lernen würde, bei so etwas in die Knie zu gehen, was weit gesünder für den Rücken war, da spürte sie seine Hände auf ihrer Hüfte. Er packte sie fest und presste sein Becken von hinten an ihren Po. Selbst durch die Hose spürte sie seine steinharte Erektion.

Beatrice sagte nichts. Sie hielt sich mit den Händen am Regalbrett des Schrankes fest und wagte es nicht, sich zu bewegen. Das kam so überraschend, aber sie wollte auf keinen Fall, dass er aufhörte. Er rührte sich kaum, presste sich nur weiter hart gegen sie und streichelte jetzt mit einer Hand ihren Rücken. Sein Glied war groß und lag genau an der richtigen Stelle, um ihr gutzutun. Sie bewegte sich ebenfalls wenig und rieb nur leicht ihren Schritt an ihm, als er sie erneut mit zwei Händen fest gegen sich drückte. Sein Atem wurde keuchend und laut und er krallte seine Finger förmlich in ihre Hüfte. Deutlich spürte sie jetzt, wie sein Penis zuckte, und sein Atem wurde zu einem gequälten Stöhnen. Abrupt ließ er sie los und als sie sich aufrichtete und zu ihm umdrehte, war er weg. Er musste hastig in die an sein Büro angrenzende Toilette verschwunden sein.

Beatrice dachte kurz nach und entschied, sofort zu gehen. Sie wollte heute nicht mehr mit ihm darüber reden, was passiert war. Ihr Gefühl und sein merkwürdiges Verschwinden sagten ihr, dass er das ebenfalls nicht wollte. So zog sie ihre Jacke an, verließ, ohne sich von ihm zu verabschieden, das Gebäude und fuhr los.

Morgen ist auch noch ein Tag, sagte sie sich auf der Heimfahrt immer wieder. Möglicherweise mussten sie überhaupt nicht darüber reden. Es war ja genau genommen nichts passiert.

Sie grübelte lange, aber erst, als sie an diesem Abend im Bett lag, gestattete sie sich nochmals, an seinen Ständer zu denken. Er war so hart und drängend gewesen, dass sie befürchtet hatte, er würde ihn mitsamt beider Hosen in sie stoßen. Dieser Gedanke ließ sie unter die Bettdecke greifen und sich selbst befriedigen. Fest und kreisend massierte sie ihren Kitzler, während sie sich vorstellte, wie es sich anfühlen würde, wenn er so hart in sie drang. Und als sie sich ausmalte, er würde dann genauso schnell kommen, wie als er sich nur gegen sie gepresst hatte, kam sie ebenfalls keuchend zum Orgasmus.

Nein, ihr Entschluss stand fest, sie würde morgen kein Wort über das Geschehene verlieren. Es hatte ihr gefallen, aber das würde sie ihm nicht sagen. Er würde schon mit der Sprache herausrücken. Für Beatrice war fast offensichtlich, dass er sich bei seiner Frau Janek nicht mehr wohlfühlte, aber unter Umständen musste ihm das erst bewusst werden. Sie würde geduldig abwarten, wie er reagierte.

***

Obwohl sie zu ihrer Entscheidung stand, war das Gefühl am nächsten Morgen beklemmend. Als sie das Büro betrat, war Jens Bacher noch nicht da, was ihr Zeit gab, sich vorab zu beruhigen. Bei seinem Eintreffen – später als gewohnt – sah sie nicht vom PC auf, wünschte ihm flüchtig einen guten Morgen und war froh, dass er nach einem kurzen Gruß schnell in sein Büro durchging. Zehn Minuten später brachte sie ihm seinen ersten Kaffee und vermied zunächst den Blickkontakt. Nachdem er aber ebenso zu dem Vorfall schwieg, entspannte sich die Situation mehr und mehr. Beatrice war zuversichtlich, dass er sich bis zum Feierabend zu dem Zwischenfall äußern würde.

Am Nachmittag hatte er ausnahmsweise nur einen frühen Termin und Beatrice war sicher, danach würde er sie ansprechen. Gut möglich, dass er sich entschuldigte. Immer wieder ging sie im Kopf durch, wie sie reagieren wollte. Sie würde es ihm nicht zu leicht machen, zu unnahbar durfte sie aber ebenfalls nicht sein. Unruhig wartete sie darauf, dass sein Gast das Büro endlich verließ, und als es so weit war, behielt sie recht: Jens Bacher rief sie zu sich ins Zimmer.

»Beatrice, nachdem das mein letzter Termin für heute war und wir beide in den vergangenen Tagen so fleißig waren, werde ich schon jetzt Feierabend machen und würde mir wünschen, dass Sie das auch tun. Sie sammeln sonst viel zu viele Überstunden.«

Beatrice wollte nicht glauben, was sie da hörte! Kein Wort zu gestern? Und er stand schon auf und zog seine Jacke an! Dafür gab es keinen Plan in ihrem Hirn und für den Augenblick war sie so überfordert damit, dass sie nur stammelte: »Ja, okay, dann bis morgen.«

Jens Bacher lächelte sie strahlend an und verließ das Büro. Beatrice ließ sich auf ihren Bürostuhl fallen und kam sich vor wie eine komplette Idiotin. Das war nicht richtig! Einfach grundlegend falsch! Sie war hundertprozentig sicher gewesen, dass er sich entschuldigen und ihr dann seine Liebe oder zumindest größtes sexuelles Verlangen gestehen würde. Und wenn er ihr nur erklärt hätte, dass es ein Ausrutscher und ohne Bedeutung gewesen war, so wäre es doch besser, als gar nichts zu sagen.

Wütend packte sie ihre Tasche und verließ ebenfalls das Rathaus. Womit er nämlich zweifelsfrei recht hatte, war, dass sie wahrlich zu viele Überstunden machte.

Das Wetter war fantastisch und so könnte sie sich zu Hause eine Weile auf ihrer kleinen Terrasse in die Sonne setzen und dabei überlegen, was sie von der ganzen Angelegenheit hielt. Beatrice stoppte an der roten Ampel und sah lächelnd zur Eisdiele hinüber, in der jeder Platz im Freien besetzt zu sein schien. Sie könnte den Wagen abstellen und sich ein Eis oder einen Cappuccino gönnen. Das war eine hervorragende Idee! Da erblickte sie den Bürgermeister mit seiner Frau Janek. Glücklich strahlend saßen die beiden an einem der Tische und hielten sich an den Händen wie ein frisch verliebtes Pärchen! Beatrice verging sofort der Appetit auf alles, was ihr die Eisdiele hätte bieten können. In ihr stieg unglaublicher Zorn auf. Was für ein mieser Penner! Gestern, als es Ärger im Paradies gegeben hatte, war sie ihm recht gewesen, und heute führte er wieder sein Luxusweibchen aus? Nach dem Eisessen besorgten sie garantiert zusammen einen Pudel! Beatrice lachte bitter auf bei diesem Gedanken, entschied aber, dass sie das so nicht auf sich sitzen lassen wollte.

Spontan bog sie ab in die Innenstadt. Sie würde sich einen

Rock kaufen, der kürzer war als die, die sie normalerweise trug, und diesen Morgen zur Arbeit anziehen. Jens Bacher sollte sehen, was er verpasste!

Es dauerte nicht lange und sie hatte einen gefunden, der eine Hand breit über ihrem Knie endete und sich in seiner Schlichtheit wunderbar zu ihren Blusen kombinieren ließ.

***

Am nächsten Morgen beschloss sie, nur einen winzigen, schwarzen Stringtanga darunter zu tragen, da sich alles andere abzeichnen würde. Es war Freitag und somit wurde nur bis zwölf Uhr gearbeitet, was ihr bei dem himmlischen Wetter die Gelegenheit gab, im Anschluss eine Runde durch den Park zu spazieren und ihren Beinen die ersten Sonnenstrahlen zu gönnen.

So beschwingt betrat sie enthusiastisch das Büro. Jens Bacher war schon da und sie rief ihm durch die offene Tür ein fröhliches »Guten Morgen« zu, was er erwiderte. Dann schaltete sie den Rechner ein und bereitete Kaffee für den Chef zu. Damit bewaffnet, ging sie schwungvoll zu ihm ins Zimmer. Sie würde nicht mehr herumdrucksen, das hatte sie sich geschworen.

Der Bürgermeister sah zuerst nur kurz auf, dann schien er zu bemerken, dass etwas anders war, und betrachtete sie eingehend. »Wow!«, rutschte es ihm heraus, als er ihre Beine in den hohen Schuhen erblickte. Sein Gesichtsausdruck veränderte sich und er sah sie für ihren Geschmack zu lange an.

Beatrice wurde es heiß und sie spürte förmlich, wie seine Augen sie abtasteten. Obwohl er sie damit nervös machte, lächelte sie sicher und antwortete: »Danke! Ich nehme an, das bedeutet, es sieht gut aus?«

»Oh ja, das bedeutet es«, beeilte er sich zu erklären und riss sich dann von ihrem Anblick los.

Zufrieden verließ sie das Zimmer. Hoffentlich ärgerte er sich schön, dass er sie so überheblich behandelt hatte. Nachdem sie von zwei Kollegen und einem Bürger weitere Komplimente bekommen hatte, fühlte sie sich extrem wohl in ihrer Haut und war fast wieder im Reinen mit sich und dem Vorfall. Und der Feierabend rückte näher!

Um 11:45 Uhr kam Bacher aus seinem Büro und stellte sich vor ihren Schreibtisch. Es schien, als würde er herumdrucksen, und Beatrice sah ihn erwartungsvoll an.

»Beatrice, ich hätte noch ein Attentat auf Sie vor«, fing er vorsichtig an.

Ihr Blick wurde skeptisch, so kurz vor Dienstschluss klang das nicht erfreulich.

Er hielt eine dicke Heftung hoch. »Ich bräuchte für das Treffen mit der Interessengemeinschaft heute Abend vierzig Kopien hiervon«, gab er schuldbewusst zu.

Beatrice konnte nicht vermeiden, dass sie eine Grimasse zog. So viele Duplikate würden sicher eine Stunde dauern. Zudem würde sie im Kopierraum dabeibleiben müssen, weil der Kopierer neuerdings ständig einen Papierstau fabrizierte. Ihr war aber klar, dass ihr Boss vermutlich doppelt so lange brauchen würde. Und letztlich war er der Chef. Also nickte sie missmutig.

Jens Bacher drückte ihr den Stapel Unterlagen in die Hand, offensichtlich freute er sich. »Ich werde natürlich auch länger bleiben«, versicherte er ihr, ging dabei aber schon wieder in sein Büro.

Sie fand, das war das Mindeste, was er tun konnte, wenn er kurz vor dem Wochenende so einen Großauftrag anbrachte.

Das Rathaus leerte sich und bald war Beatrice mit Jens allein.

Sie stand mit dem Rücken zur Tür in dem kleinen Raum, in dem sich der Kopierer befand, und konzentrierte sich darauf, dass die Fotokopien ordnungsgemäß herausliefen. So hörte sie nicht, dass der Bürgermeister das Zimmer betrat, und bemerkte ihn erst, als er dicht hinter ihr stand.

»Kann ich Ihnen irgendwie zur Hand gehen?«, fragte er nah

an ihrem Ohr und sie spürte erneut seinen Steifen gegen ihren Po drücken.

»Herr Bacher, ich denke nicht, dass es gut ist, wenn wir uns noch mal so nahekommen«, gab Beatrice zu bedenken, schob aber gleichzeitig ihren Hintern weiter zurück, weil sie es genoss, ihn wieder zu fühlen.

Ohne zu zögern, schob er den elastischen Rock nach oben und entblößte so ihre nackten Hinterbacken. Er sog scharf die Luft ein und bevor sie sich überlegen konnte, wie sie darauf reagieren wollte, reagierte er. Er öffnete seine Hose und schlug mit seinem prallen Schwanz auf ihren Po. Beatrice reckte ihr Becken weiter zu ihm und er klemmte seinen Steifen zwischen ihre Arschbacken und drückte sie mit den Händen von außen zusammen. Sachte stieß er in die so entstandenen Enge, dabei wurden seine Hoden gegen ihren feuchter werdenden Schritt gepresst. Erneut wurde sein Atem schnell lauter und er stieß immer heftiger zu, sodass Beatrice sich am Kopierer festhalten musste, um gegenzuhalten. Sie wollte, dass er in sie eindrang, und versuchte daher, sich ihm zu entziehen und sich umzudrehen. Aber er gab ihr keine Gelegenheit dazu, sondern behielt sie fest im Griff. Beim nächsten Stoß spritzte er schon sein warmes Sperma auf ihren unteren Rücken und verteilte es zwischen ihren Pobacken, als er sein Glied nochmals hinunterzog. Frustriert stöhnte Beatrice auf.

»Diesmal kommen Sie mir nicht so einfach davon«, bemerkte er weiterhin atemlos. Er trat von ihr zurück und endlich konnte sie sich umdrehen und ihn ansehen. Sein Schwanz hatte in nicht erigiertem Zustand ebenfalls eine beachtliche Größe und auch seine Hoden waren nicht klein. Beides vorn aus der Hose hängend wirkte herrlich verdorben auf sie.

»Sie werden den jetzt sauber lutschen, sodass ich mich anziehen kann, und ich werde in mein Büro gehen. Sie kopieren hier fertig, dann ziehen Sie BH und Höschen unter ihren Sachen aus, sodass ich Ihre Nippel durch den Stoff Ihrer Bluse sehen kann, wenn Sie die fertigen Unterlagen zu mir bringen.«

Beatrices Augen blitzten, das war eine klare Ansage. Sie hatte jetzt ungefähr zwanzig Minuten, um sich zu überlegen, ob sie darauf eingehen würde. Einerseits erschien ihr Herr Bacher ein regelrechter »Schnellschuss-Apparat« zu sein, die Pause gab ihm aber die Gelegenheit, sich zu beweisen. Es war jetzt an ihr, sich Gedanken zu machen, was sie sich von der Sache erwartete und wie sie damit umgehen wollte. Vorläufig ging sie vor ihm auf die Knie und befolgte seine Anweisung, seinen Penis gründlich sauber zu machen. Sonderlich erfahren war sie hierbei nicht, aber es überraschte sie, wie süßlich sein Sperma schmeckte. Er beobachtete sie aufmerksam und zeigte ihr damit, dass es für ihn ebenfalls etwas Besonderes war, was ihre harte Haltung ihm gegenüber weiter schwinden ließ.

Nachdem er den Raum verlassen hatte, dachte sie angestrengt nach, während sie geistesabwesend die bedruckten Seiten beim Verlassen des Kopiergeräts beobachtete. Sollte sie es ihm jetzt leicht machen, obwohl er sie so verletzt hatte mit seinem gleichgültigen, egoistischen Verhalten? Zwei Mal schon hatte er sie benutzt, um sich Befriedigung zu verschaffen. Dafür wollte sie sich nicht noch mal hergeben. Andererseits musste sie sich ebenso eingestehen, dass sie nach wie vor scharf auf ihn war und der festen Überzeugung, besser für Jens zu sein als seine Frau Janek. Wenn sie jetzt tat, was er verlangte, würde er das sicher ebenfalls erkennen. Sie wollte diese Chance somit trotz des missglückten Starts nutzen.

Beatrice stieg aus ihrem kleinen Slip und zog den BH unter der Bluse aus. Die bloße Berührung ihrer Brustwarzen mit dem kalten, glatten Stoff ließen diese sich hart aufrichten. Sie packte die fertigen Unterlagen und kurz darauf legte sie BH und

Höschen ab, um sie in ihrem Büro gleich in ihrer Handtasche zu verstauen.

Sie war aufgeregt, erregt und das Herz klopfte ihr bis zum Hals, als sie das Zimmer ihres Chefs betrat. Er sah sie sofort erwartungsvoll an und sein Blick heftete sich augenblicklich auf ihre Oberweite.

Jens Bacher erhob sich, kam auf sie zu und nahm ihr die Akten aus den Händen. Achtlos warf er sie auf seinen Schreibtisch, dann fuhr er mit beiden Daumen kreisend um ihre sich deutlich abzeichnenden Warzen. »Wie oft ich mir schon vorgestellt habe, Sie würden so mein Büro betreten«, schwärmte er, was Beatrice erfreute.

Er beugte sich leicht vor und knabberte spielerisch durch die Bluse an einem ihrer Nippel, was ihre Erregung steigerte. »Sie sind so heiß und gleichzeitig so einfühlsam!«, fuhr er fort und strich dabei weiter mit den Daumen über den jetzt feuchten Stoff an ihren Knospen. »Meine Verlobte interessiert sich nur für meine Gehaltsabrechnungen und bemerkt dabei überhaupt nicht, wie sehr es mich unter Druck setzt, von jedem gekannt zu werden, ständig präsent sein zu müssen und alles wissen zu sollen. Wir schlafen kaum noch miteinander und wenn, ist der Sex nicht befriedigend. Ich suche eine Frau, die mich dominiert. Bei der ich nichts sein oder können muss. Eine, die sich nimmt, was sie braucht. Dann käme ich sicher nicht so schnell. Sie, Beatrice, wirken auf mich, als wären Sie genau so eine Frau«, gestand er ihr und schob seine Hand unter ihren Rock, um ihre nackte Pflaume zu betasten.

Beatrice fühlte sich nicht sonderlich dominant und wunderte sich, dass sie so bei ihm ankam, aber wenn es Herrn Bacher helfen würde, standfester zu sein, wollte sie es gern versuchen. Seine Finger an ihrer Spalte ließen sie feuchter werden und ihre Erregung intensivierte sich immens. Da fiel ihr auf, dass das genau das war, was er nicht wollte. Sie hörte schon wieder, wie sein Atem schneller ging, und seine Erektion war deutlich an ihrer Hüfte zu fühlen.

»Hören Sie auf, Herr Bacher!«, fuhr sie ihn daher an. »Sie ziehen sich jetzt komplett aus und setzen sich auf diesen Stuhl! Ich brauche Ihren Gürtel und Ihre Krawatte«, wies sie ihn weiter an und ging kurz in ihr Büro, um auch den Gürtel von ihrem Trenchcoat zu holen.

Als sie zurückkehrte, saß der Bürgermeister schon erwartungsvoll und nackt auf dem Besucherstuhl, den sie ihm hingestellt hatte, sein Rohr stand steil vor ihm empor.

Beatrice stockte der Atem. Zum ersten Mal sah sie seinen Schwanz in seiner ganzen Pracht und der Anblick ließ sie halb irrsinnig werden. Er war dick und prall und die Adern traten an ihm hervor, außerdem hatte er eine markante Eichel, die mit Sicherheit ihre feuchte Enge herrlich aufstoßen würde. Sie zitterte vor Lust und riss sich nur schwer zusammen.

»Ich habe in der Zwischenzeit Viagra eingenommen und bin sicher, dass er diesmal lange genug steht, um auch Sie glücklich zu machen, auch wenn ich zu früh kommen sollte. Mit viel Glück kann ich Sie mehrfach besamen«, wurde Jens Bacher immer mutiger mit seinen Geständnissen.

Beatrice musste seine letzten Äußerungen ignorieren und sich voll auf das konzentrieren, was sie sich vorgenommen hatte. Sie wollte ihn hinhalten und ein bisschen quälen, was eine verspätete Rache dafür war, dass er mit seiner Verlobten in die Eisdiele gegangen war, anstatt sich mit ihr auseinanderzusetzen. Dieser Gedanke gab ihr die Motivation, durchaus dominant zu sein. Mit den beiden Gürteln fesselte sie seine Knöchel an die metallischen Stuhlbeine und zwang ihn so, die Beine leicht gespreizt zu halten. Dann nahm sie sich seine Hände vor. Diese band sie mit der Krawatte geschickt nach hinten und dort an der Rückenlehne fest, sodass er sich nicht mehr erheben konnte. Voller Erwartung saß Jens Bacher vor ihr. Scheinbar tat sie genau das Richtige. Sie knöpfte ihre Bluse auf und präsentierte ihm ihre Brüste.

Sein Blick wirkte gierig. Beatrices Hemmungen waren längst schon zu einem Nichts zusammengeschrumpelt und sie beugte sich vor, um ihn zu zwingen, eine ihrer Brüste in den Mund zu nehmen und an ihrem Nippel zu saugen. Jens Bacher tat dies, ohne zu zögern, selbst wenn er Probleme hatte, anständig Luft zu bekommen. Lustvoll drückte sie ihm ebenso die zweite Brust in den Mund und hielt ihn dabei am Hinterkopf fest. Als er wieder Atem holte, stellte sie sich mit gespreizten Beinen über ihn und zog den Rock so weit nach oben, dass er ihre Spalte sehen konnte. Ein erster dicker Lusttropfen erschien auf seiner Eichel und zeigte ihr, wie extrem erregt er schon war.

Sie erhob sich von ihm, wandte sich um und kam jetzt rückwärts über ihn. Nochmals zupfte sie an ihrem Rock, um ihm perfekte Sicht auf ihren Hintern und ihre rosa Möse zu gewähren. Jens bestätigte ihr diese mit einem wimmernden Stöhnen und dem verzweifelten Versuch, aus seiner Position mit dem Becken nach oben zu stoßen.

Umständlich griff sie zunächst zwischen ihren Beinen nach hinten, um seinen Ständer in die Hand zu nehmen und zu wichsen. Deutlich spürte sie den Unterschied einer gewöhnlichen zu einer Viagra-Erektion. Sie war um einiges massiver und härter. Beatrice fasste ihn fest an und senkte dabei nur langsam ihr Becken, was ihn erneut kläglich aufstöhnen ließ. Dann führte sie sein Glied vorsichtig an ihre feuchte Öffnung und wollte ihn ebenso sachte einführen, aber der Bürgermeister schaffte es mit einem festen Stoß, seine Eichel direkt in sie zu rammen, was Beatrice überrascht aufseufzen ließ. Um ihn an weiteren Vorstößen zu hindern, stützte sie sich mit den Händen auf seinen Oberschenkeln ab und konnte so Tempo und Tiefe der Bewegungen kontrollieren. Noch wollte sie ihn nicht komplett in sich lassen, achtete aber ebenso darauf, dass sein Schwanz nicht aus ihr herausrutschte. Mit schnellen, kurzen Stößen führte sie seine Eichel immer wieder über ihren G-Punkt, was sie dank seiner Härte intensiver spürte als sonst.

Jens Bacher konnte nur dabei zusehen, wie sie es sich mit seinem Rohr besorgte, und stöhnte immer heftiger. Ein Schweißtropfen rann ihm von der Stirn. Beatrice hielt es nicht mehr aus und drückte ihn allmählich bis zum Anschlag in sich. Ihre Beine stellte sie rechts und links neben seinen ab und saß jetzt weit gespreizt, mit seinem steinharten Kolben tief in sich, auf ihm. Ihr Kitzler trat bei dieser Überdehnung hervor und sie massierte ihn fest, während sie mit der anderen Hand eine ihrer Brüste knetete. Sie würde bald zum Höhepunkt kommen und sah nach unten auf ihre durch ihn ausgefüllte Muschi. Die dicken Hoden des Bürgermeisters wurden prall gegen ihren Schritt gepresst und als sie zum Orgasmus kam, lief der dadurch austretende Liebessaft daran herunter. Beatrice stöhnte auf, erhob sich wieder von ihm, packte Herrn Bacher an den Eiern und ritt ihn schnell und heftig.

Für ihn war der Anblick ihrer Flüssigkeit, die dabei an seinem Schwanz herunterlief, der Auslöser für seinen Höhepunkt. Da sein Penis aber tatsächlich weiterhin stand, obwohl er abgespritzt hatte, ritt Beatrice ihn schonungslos weiter. Sein Sperma lief jetzt ebenfalls den fülligen Schaft hinunter und beide ergaben sich diesem absoluten Lustgefühl.

»Oh Gott, Lina! Das ist so geil! Hör nicht auf!«, ließ Jens Bacher sich weiter benutzen.

Beatrice stockte mitten in der Bewegung. Hatte er sie mit dem Vornamen seiner Verlobten angesprochen? Sie konnte es nicht fassen. Sie erfüllte ihm seine perversen Fantasien und er verwechselte sie? Sie brauchte eine Pause! Ihm schien sein Fehler überhaupt nicht aufgefallen zu sein und das wollte sie nutzen, um sich einen Augenblick zum Nachdenken zu gönnen.

»Laufen Sie mir nicht weg! Ich muss schnell zur Toilette«, beruhigte sie ihren Boss, der irritiert wirkte, als sie plötzlich von ihm abstieg.

Aus Gewohnheit benutzte sie nicht das WC im Büro ihres Chefs, sondern ging hinaus auf den Flur auf die Angestelltentoilette. Leicht schockiert stand sie vor dem Waschbecken und sah sich selbst im Spiegel in die Augen. Wollte sie das mit sich machen lassen? Mit einem Mann schlafen, der auf dem Höhepunkt der Erregung an eine andere dachte?

Ein Laut riss sie aus ihren Gedanken. Hatte da eben ein Hund gebellt? Sie spannte sich an und horchte angestrengt. Sie hörte das Geräusch von Stöckelschuhen auf dem Gang, die sich entfernten, dann einen nicht zu überhörenden Schrei und lautes, aufgeregtes Hundegebell. Vorsichtig öffnete Beatrice die Tür und lauschte hinaus. Frau Janek brüllte gerade: »Du bist ein Schwein! Ich hasse dich!«

Erschrocken wich Beatrice zurück und schloss die Tür wieder – gerade noch rechtzeitig. Dann hörte sie laufende Schritte auf dem Flur in Richtung Ausgang.

Weiterhin vorsichtig verließ sie die Toilette und ging zurück zum Büro, um nach dem Bürgermeister zu sehen. »Hab ich was verpasst?«, fragte sie unschuldig, als sie das Zimmer betrat und den nach wie vor Gefesselten erblickte.

Er sah blass und schockiert aus, von seiner herrlichen Erektion war nichts mehr übrig. »Fragen Sie nicht so blöd und machen Sie mich endlich hier los!«, keifte er allerdings sofort.

»Ich muss Lina hinterher und sehen, was ich retten kann!«

Beatrice tat, was er wollte, beobachtete ihn dabei, wie er gehetzt seine Klamotten anzog und dann mit einer entschuldigenden Geste eiligst das Büro verließ. Sie saß weiterhin auf dem Boden, wo sie ihn losgebunden hatte.

»Wir reden Montag!«, rief er ihr beim Gehen zu und sie nickte.

Zuerst stützte sie ihren Kopf in die Hände, schüttelte ihn verständnislos und dann fing sie haltlos an zu lachen. Nicht nur, dass das Schicksal ihr ihre Rache wie ein Geschenk überreicht hatte. Sie war zudem sicher, dass er wiederkommen würde, es hatte ihn viel zu sehr aufgegeilt. Und sie konnte sich jetzt in Ruhe überlegen, wie sie dann mit ihm verfahren würde.

Der scharfe Hausgast mit der geilen Freundin

Simone saß an ihrem Schreibtisch und versuchte verzweifelt, sich auf das Buch in ihren Händen zu konzentrieren, aber es wollte ihr partout nicht gelingen. Sie war zu aufgeregt. Der Gast ihrer Eltern, der die nächsten zwei Wochen bei ihnen verbringen würde, konnte jeden Augenblick ankommen.

Klaus war der beste Freund ihres Vaters. Die beiden waren schon zusammen in die Grundschule gegangen und bis zum Studium hatten sie eine Klasse besucht, dann hatten sich ihre Wege zwar getrennt, aber sie hatten sich niemals aus den Augen verloren. Vor zehn Jahren hatte er das erste Mal im Sommer zwei Wochen bei ihnen verbracht und seitdem kam er jedes Jahr.

Von Anfang an hatte Simone diese Zeit geliebt. Ihre Eltern waren dann nicht so streng, immer gut gelaunt und es herrschte eine freudige Unbeschwertheit im ganzen Haus. Man saß abends zusammen, trank, spielte Spiele oder redete miteinander und immer wurde dabei gelacht. Klaus betonte ebenfalls, wie gut ihm die Tage bei ihnen taten. Der alleinstehende Mann vermisste ein Familienleben. Als Simone älter wurde, freute sie sich weiter jedes Mal, ihn zu treffen, selbst wenn sie nicht mehr ständig dabei war. Dies änderte sich erst vor drei Jahren wieder.

***

Damals war Simone zweiundzwanzig und selten zu Hause. Ihre Eltern mussten einen wichtigen Geschäftstermin wahrnehmen, der genau in die Zeit von Klaus' Aufenthalt fiel. Sie waren untröstlich und hatten Simone gebeten, doch an diesem Abend ausnahmsweise daheimzubleiben und ihm Gesellschaft zu leisten.

»Esst zusammen und spielt danach etwas. Du warst so lange nicht dabei. Klaus freut sich sicher!«, hatte ihre Mutter gesagt und Simone hatte zähneknirschend zugestimmt.

Babysitter für einen älteren Mann zu spielen hatte nicht so verlockend geklungen, wie mit ihren Freunden abzuhängen, ein paar nette Jungs kennenzulernen und sich zu vergnügen, aber sie hatte niemanden vor den Kopf stoßen wollen.

Ihre Mutter hatte das Essen an diesem Abend vorbereitet, sodass Simone es nur aufwärmen musste. Klaus hatte sich ehrlich gefreut über ihre Anwesenheit und zur Feier des Tages eine Flasche Wein geöffnet. Überraschenderweise unterhielten sie sich ausgezeichnet und es entstand schnell wieder das vertraute Gefühl vergangener Besuche. Klaus hatte sie etwas ausgefragt, wie es mit den Jungs so ginge und ob sie einen festen Freund hätte. Ihr war klar gewesen, dass er schon von ihren Eltern wissen musste, dass es nicht so war. Trotzdem hatte sie ihm erklärt, dass der Richtige bisher nicht dabei war, es ansonsten aber gut lief.

»Du bist zu einer Frau herangewachsen und ich habe es nicht mal bemerkt«, hatte er gesagt und sie dabei eingehend betrachtet. »Und jetzt musst du meinetwegen auf einen aufregenden Abend verzichten. Tut mir echt leid.«.

»Schon gut! Meist ist es mit den Kerlen nicht halb so aufregend wie sie tun!«, hatte Simone gekichert und war damit ehrlicher als beabsichtigt.

»Na das musst du mir jetzt aber bei einem Gläschen Wein im Garten mal genauer erklären«, hatte Klaus darauf reagiert, dessen Neugier geweckt war.

Er hatte die Gläser und die Flasche geschnappt und war voraus in ihren kleinen Pavillon gegangen. Dort angekommen, hatte er sie erneut länger betrachtet, als würde er auf eine Erklärung warten. Simone hatte da bereut, so eine große Klappe gehabt zu haben, und schwieg vorläufig. Nach einer Weile hatte Klaus dann mit der Unterhaltung begonnen.

»Es klang etwas frustriert, was du da eben gesagt hast, und ich fände es jammerschade, wenn du schon in deinem jugendlichen Alter die Freude und das Interesse am Sex verlieren würdest. Deshalb wollte ich dir raten, es doch einmal mit einem reiferen Mann zu versuchen. Die sind ruhiger und wissen, wie man auf eine Frau eingehen muss! Sicher könntest du einiges über dich und deinen Körper lernen und würdest keine falschen Versprechungen bekommen.«

Simone hatte interessiert zugehört. Fast hörte es sich an, als wolle Klaus sich anbieten, aber sicher meinte er das nicht so. Sie hatte vermutet, dass es an ihrer Erregung lag, dass sie das so aufnahm. Allein die Tatsache, dass er mit ihr über Sex redete, hatte sie schon extrem prickelnd gefunden und sie wollte hören, was er weiter vorschlug, daher hatte sie nur unschlüssig mit der Schulter gezuckt und abgewartet. Sicher hatte er mehr Ratschläge auf Lager und etwas heißes Gerede war jetzt absolut nach ihrem Geschmack.

»Jemand mit Erfahrung treibt dich von einem Orgasmus zum Nächsten und erregt sich dabei an deiner Erregung. Glaube mir, danach kann man regelrecht süchtig werden! Es ist ein unglaublicher Kick für beide Seiten«, hatte er weiter ausgeführt und sie dabei genau beobachtet.

»Das klingt sehr verlockend«, hatte Simone zunächst zurückhaltend reagiert, seinem Blick aber standgehalten und das Kribbeln in ihrem Körper genossen, welches seine Worte erzeugten.

»Wenn ein Mann gut ist, muss er nicht einmal seinen Schwanz einsetzen!«

Simone hatte ihren Ohren nicht getraut. Klaus hatte sich in Rage geredet und dass er ihr gegenüber solch ein perverses Wort benutzte, ließ das Prickeln zwischen ihren Beinen stärker werden. Sie wollte ihn ebenfalls ein wenig reizen.

»Und du, du bist so gut?«, hatte sie gefragt und ihn dabei unschuldig angesehen.

»Auf jeden Fall!«, hatte er überzeugt geantwortet und augenzwinkernd nachgeschoben: »Zumindest sagen das die Damen, die unter meinen Händen gebebt haben!«

Simone hatte gelacht.

»Wie gesagt, dass behaupten ja viele von sich«, hatte sie frech geantwortet und gegrinst.

Klaus war für einen Augenblick sprachlos gewesen, hatte sich aber schnell gefangen.

»Komm doch mit in mein Zimmer und überzeuge dich selbst!«, hatte er sie herausgefordert.

Simone hatte gestutzt und war unsicher, ob er das ernst meinte, aber ihre Sehnsucht hatte gewollt, was er vorschlug, und so war sie ihm vorsichtig bis in sein Zimmer gefolgt. Klaus bat sie, sofort alles auszuziehen. Er selbst hatte seine Kleidung anbehalten.

»Leg dich auf das Bett und entspann dich. Genieße, wie es sich anfühlt, wenn ein Mann nicht nur geil auf dich ist, sondern deinen Körper mit allen Sinnen erkunden will. Ein Mann, der nicht vorhat, dich nur zu benutzen, um sich zu befriedigen, sondern dich zu verwöhnen.«

Simone hatte versucht, zu tun, was Klaus wollte, aber so leicht wie gedacht fiel es ihr nicht, sich nackt vor ihm zu präsentieren und sich dabei zu entspannen. Er hatte sich zu ihr gesetzt und sie bewundernd betrachtet. Sein Blick hatte sie so nervös gemacht, dass sie unbewusst die Beine fest zusammenpresste.

»Öffne die Schenkel etwas für mich, ja? Ich will sehen, ob du wirklich Lust hast oder glaubst, hier etwas beweisen zu müssen«, hatte er erklärt und Simone hatte behutsam die Beine gespreizt.

Klaus hatte sich auf dem Bett dazwischen gekniet und sie an den Knien weiter auseinander gedrückt. Mit dem gleichen Blick, mit dem er zuvor ihren Körper angesehen hatte, bestaunte er jetzt ihre glattrasierte Möse. Mehr tat er nicht, aber sie hatte heftig reagiert. Ihre Brustwarzen hatten sich steinhart aufgerichtet, ihr Schritt war feucht geworden und ihre Muschi hatte verlangend gezuckt, in der Hoffnung, er würde ihr bald etwas hineinschieben. Was ihr sonst zu schnell ging, hatte sie sich sehnlichst gewünscht in diesem Moment. Klaus hatte sie weiterhin nur betrachtet, bis er sich sanft über sie gebeugt hatte. Sein Körper hatte ihren nicht berührt, aber genau das ließ sie erzittern. Da hatte er an ihrer Halsbeuge gerochen und über ihr Schlüsselbein geleckt, bevor er sie küsste. Er war von ihrem Mund abwärts zu ihrem Kinn und dann bis zu ihrem Hals gewandert, und berührte sie dabei weiter nur mit den Lippen. Erst an ihren Brüsten hatte er seine Hände ins Spiel gebracht, war trotzdem aber so zart geblieben, dass es ihr den Atem und den Verstand geraubt hatte. Sie hatte es nicht mehr ausgehalten und ihn tiefer, weg vom sanften Zupfen seiner Lippen an ihrem Nippel, bis zu ihrem Becken geschoben.

»Du hast es aber eilig«, hatte Klaus gewispert, war zwischen ihren Schenkeln geblieben und hatte seinen Kopf auf einem ihrer Oberschenkel abgelegt.

Erneut hatte er sie nur betrachtet, diesmal spürte sie dabei allerdings seinen heißen Atem an ihren feuchten Schamlippen. Diese hauchzarte Stimulation löste wieder das gierige Zucken aus, das sich so wundervoll anfühlte.

Simone hatte gestöhnt und damit Klaus animiert, weiterzumachen. Er hatte den Kopf gesenkt und ihre Muschi geküsst. Aus dem zuerst zärtlichen Kuss war schnell ein verlangender Zungenkuss geworden. Seine Zunge war heiß, rau und fleischig gewesen und so fest über ihren zarten Spalt geglitten, dass dieser sich augenblicklich für ihn geöffnet hatte und ihr Saft spürbar aus ihr geronnen war. Simone war erschrocken vor der Reaktion ihres Körpers und hatte versucht, Klaus von sich zu drücken, aber er hatte nicht nachgegeben. Unerbittlich hatte er über ihre Schamlippen und den Kitzler geschleckt, bis Simone wimmerte vor Verlangen. Ihre Brustwarzen hatten sich steinhart aufgerichtet und schmerzten vor Erregung. Wie elektrische Pulse war die Lust durch ihren Körper gezuckt und ließ ihn sich aufbäumen und zittern. Klaus hatte kurz zwischen ihren Beinen zu ihr aufgesehen und gelächelt. Simone hatte nicht mehr gewollt, dass er aufhörte, er musste weitermachen.

Als er jetzt anfing, ihren Kitzler zu saugen, hatte er ihr gleichzeitig seinen kleinen Finger in ihre feuchte Muschi geschoben. Mehr hatte er nicht getan, er bot ihn ihr an und ihr Körper reagierte automatisch darauf. Sie hatte ihre Beine weiter gespreizt und angefangen, ihr Becken dem Finger entgegenzustoßen. Er hatte damit in der zuckenden Öffnung gespielt und seine Zunge um ihre Lustperle kreisen lassen, bis sie mehr forderte. Und er hatte ihr mehr gegeben! Sie war so nass wie nie zuvor. So war es leicht für Klaus, drei weitere Finger in sie zu drücken. Jetzt so von ihm ausgefüllt zu sein, hatte sich wie eine Erlösung angefühlt und Simone war nur imstande gewesen zu stöhnen.

»Endlich! Oh ja! Endlich!«

Ihr Becken hatte sie ihm dabei weiter entgegengedrückt und gehofft, so schnell den Orgasmus zu bekommen, den sie sich so wünschte. Klaus hatte ihn letztlich ausgelöst, als er den

Kopf erneut senkte, um an ihrem Kitzler zu saugen. Er war so heftig, dass Simone Angst hatte, die Besinnung zu verlieren. Sie hatte geschrien, sich aufgebäumt und Klaus' Kopf beiden Händen so fest zwischen ihre Beine gepresst, dass er die Finger aus ihr ziehen musste. Stattdessen hatte er sein Gesicht in den Schwall warmer Flüssigkeit gedrückt, der aus ihr gespritzt war. Gierig hatte er sie geleckt, bis ihr Stöhnen leiser wurde. Dann erst hatte er sich aufgerichtet und seine – ebenfalls von ihrem Saft bespritzte – Hose heruntergezogen. Er hatte Simone einen Moment Zeit gelassen, seinen Steifen zu betrachten. Er hatte beachtlich, rosig und hart emporgestanden. Sie hatte er allerdings nach diesem Hammerorgasmus weniger erregt, als das sonst der Fall gewesen wäre. Sie war cool geblieben, selbst als er sich über sie gebeugt hatte, um seine Eichel an ihrem nassen Spalt anzulegen. Erst als er direkt komplett in sie gedrungen war, hatte sie aufgestöhnt.

»Klaus, ich weiß nicht, ob ich sofort weitermachen kann«, hatte sie zugegeben.

»Vertraue mir! Du kannst!«, hatte er ihr nur geantwortet, eine Hand zwischen ihre erhitzten Körper geschoben und angefangen, mit ihr ihren Kitzler zu massieren, während er sich langsam in ihr bewegte.

»Oh mein Gott!«, hatte Simone aufgestöhnt.

Ihre Klitoris war so empfindlich von dem vorherigen Saugen, dass sofort neue Erregungswellen durch ihren Körper gejagt wurden.

»Bitte nicht!«, hatte sie geschrien, aber ihr Becken hatte überdeutlich gezeigt, dass sie das nicht so meinte.

Klaus hatte ihren Po nach oben und ihre Schenkel weiter auseinander gedrückt, sodass er fast senkrecht in sie stieß. Immer wieder war er weit aus ihr gefahren, um erneut hart zuzustoßen, während er den geröteten, prallen Kitzler fest und kreisförmig rieb. Simone hatte gebrüllt und eine zweite Welle ihres Liebessaftes war, vorbei an Klaus' Schwanz, aus ihr gequollen. Der hatte unnachgiebig in ihr nasses Loch gestoßen und dabei ihre Lustperle massiert, bis Simone nur noch ein heiseres Wimmern von sich gab, obwohl ihr Höhepunkt weiter andauerte. Erst als Klaus sein heißes Sperma sprudelnd in sie schoss, hatte sie erneut geschrien und sich nochmals aufgebäumt.

»So sollte Sex sein«, hatte Klaus gemeint, als sie sich wenig später anzogen.

Simone hatte ihm zugestimmt. Er hatte sie mehr befriedigt, als alle anderen es je nur ansatzweise geschafft hatten. Wie sehr es ihr gefallen hatte, merkte sie erst später, denn schon in dieser Nacht drängte es sie erneut zu ihm. Simone war, als sie sicher war, dass ihre Eltern fest schliefen, zu Klaus ins Zimmer und in sein Bett geschlüpft.

»Du bist ja unersättlich«, hatte er zärtlich geflüstert und sie nicht aufgehalten, als sie mit dem Kopf unter das Laken verschwunden war, um seinen Schwanz mit dem Mund zu verwöhnen.

Noch mal hatte er sie geliebt und wieder war Simone mehr als einmal gekommen. Jedes Mal hatte Klaus ihre Lippen mit einem Kuss verschlossen, damit sie dabei keinen Laut von sich gab.

***

Ab diesem Tag war Simone immer zu Hause, wenn er zu Besuch kam, und besuchte ihn in allen Nächten seiner Aufenthalte, um sich von ihm verwöhnen zu lassen und Dinge zu tun, die sie noch nicht kannte. Sie waren kein Liebespaar und sie wünschte sich keinerlei Beziehung mit ihm, es ging ihnen beiden nur um diese zwei Wochen im Jahr, voller Sex, Lust und Leidenschaft. Wenn er da war, kommunizierten sie meist über das Handy und teilten sich so ihre Sehnsüchte mit, die sie dann in der Nacht lautlos auslebten. Ihre Eltern hatten schon gewitzelt, ob Klaus eine Freundin habe, weil er fast so oft am Smartphone hing wie Simone, wenn er bei ihnen war.

***

Und jetzt war es endlich wieder so weit! Er war auf dem Weg und ihre Eltern hatten angedeutet, es gebe eine Überraschung. Mehr hatte Simone ihnen nicht entlocken können, hoffte aber darauf, dass er womöglich länger blieb. Sollte er nur Geheimnisse haben, auch sie hatte eines. Ihre Eltern hatten erneut einen Termin und so würden sie endlich wieder einmal allein sein. Er würde sie ficken und sie konnte ihre Orgasmen herausschreien! Der Gedanke, nicht leise sein zu müssen, erregte sie so, dass sie kurz in Versuchung war, sich selbst zu befriedigen, bevor er kam, entschied aber, sich für ihn aufzusparen. Die erste Nacht war immer etwas Besonderes. Sie war gespannt, was er sich diesmal ausgedacht hatte. Die Türklingel riss sie aus ihren versauten Gedanken, ließ sie aber zudem spitzer werden, weil sie wusste, dass er jetzt da war.

Am liebsten wäre Simone sofort nach unten gerannt und hätte Klaus die Tür aufgerissen, aber so lief das nicht. Erstens sollten ihre Eltern keinen Verdacht schöpfen und zweitens durfte er durchaus etwas schmoren. Klaus brauchte nicht zu wissen, wie sie sich nach seinem Schwanz, seinen geschickten Fingern und seiner rauen Zunge sehnte.

Sie hörte die Stimmen im Untergeschoss und wusste, dass ihre Eltern den Freund herzlich begrüßten. Sie selbst konnte nur daran denken, wie er sie heute rannehmen würde. Fünfzehn Minuten Abwarten waren sicher genug, beschloss sie, sah noch mal in den Spiegel, um ihren Busen zurechtzurücken, und ging dann langsam hinab.

Es sollte nicht so wirken, als habe sie gewartet, sondern so, als käme sie zufällig vorbei. Sie würde ihn zur Begrüßung umarmen und wenn keiner genau hinsah, würde sie ihren Körper gegen seinen drücken. Unter Umständen konnte sie ihre Muschi an ihm reiben, was ihn sicher scharfmachen würde. Sie war so geil auf ihn und konnte kaum erwarten, dass es Nacht wurde.

Freudiges Stimmengewirr kam aus dem Wohnzimmer und strahlend betrat Simone den Raum. Sie erstarrte fast sofort. Neben Klaus auf dem Sofa saß eine Frau. Eine fremde Frau! Ihre Augen verengten sich zu Schlitzen. Was war das denn für eine alte Tussi? Hatte er die etwa mitgebracht? Als Simone seine Hand auf ihrem Knie sah, befürchtete sie das Schlimmste.

»Simone!«, Klaus hatte sie als Erster erblickt, sprang auf und umarmte sie fest, dabei flüsterte er ihr hastig ins Ohr:

»Schau nicht so grantig! Das ist sehr auffällig. Sabine muss gleich noch zur Tankstelle fahren, dann erkläre ich dir alles, okay?«

Mit einer Hand griff er sie kurz unbemerkt an die Brust, was Simone unter anderen Umständen erregt hätte, jetzt war sie nur schockiert. Klaus stellte ihr »seine« Sabine vor und erklärte, dass sie seit einigen Monaten ein Paar waren. Simone fand das bescheuert. Was war mit ihr?

Ungeduldig wartete sie, dass das Weibsbild von der Bildfläche verschwand, dann half sie Klaus, die Koffer nach oben zu bringen, was Gelegenheit zu einem klärenden Gespräch bot.

»Ich habe mir das auch anders vorgestellt«, gestand er.

»Aber Sabine wollte euch unbedingt kennenlernen und mitkommen, trotzdem habe ich eine Idee für unseren ersten Abend.«

Simone schöpfte Hoffnung. Sie wollte seinen Vorschlag auf jeden Fall hören.

»Geh doch nachher nach oben, bevor wir ins Bett gehen. Versteck dich hier im Schrank und wenn wir da sind, werde ich sie bumsen und an dich denken. Ich sorge dafür, dass das Licht an bleibt und allein der Gedanke, dass du mir zusiehst, wird geil sein, da bin ich sicher!«

Simone zögerte und runzelte die Stirn. Sie sollte zusehen, wenn Klaus es seiner Freundin besorgte? War das nicht totaler Mist? Was sollte ihr das bringen?

»Hinterher kriege ich hin, dass sie verschwindet, und du kannst raus. Sicher! Und morgen, morgen werde ich für dich da sein. Versprochen!«

Er küsste sie auf die Stirn und sah sie dann abwartend an.

Simone war unschlüssig, aber Klaus' Versprechen, dass sie ihn am nächsten Tag für sich hätte, ließ sie zustimmen. Unzufrieden ging sie mit ihm wieder zu ihren Eltern und als diese Sabine zurück war, beteiligte sich Simone kaum an dem entstehenden angeregten Gespräch. Man sah ihr an, dass sie wenig Lust hatte, hier zu sein und gar kein Interesse daran, Sabine näher kennenzulernen. Als die erklärte, dass die Anreise anstrengend gewesen und es schon spät war, gab Klaus Simone einen Wink.

»Ich werde auch ins Bett gehen. Gute Nacht, alle zusammen!«, beeilte sie sich, zu sagen, und verschwand rasch nach oben.

Sie würde sich sputen müssen, wenn sie es sich im Schrank bestmöglich gemütlich machen wollte, bevor die beiden kamen. Kurz zögerte sie vor den großen Türen des breiten Kleiderschrankes, beschloss, ihr Höschen unter dem Rock auszuziehen, und setzte sich dann auf den Boden unterhalb der auf Bügeln hängenden Sachen. Klaus würde schon wissen, was er da vorschlug. Sie schloss die Türen vorerst vollständig und saß jetzt im Dunkeln und lauschte angestrengt.

Sie hatten nicht oft Gäste hier im Gästezimmer untergebracht, aber der Ablauf war seit Jahren immer der Gleiche. Ihre Eltern würden noch eine Weile fernsehen, um ihrem Besuch Gelegenheit zu geben, in Ruhe das Badezimmer zu benutzen, erst später würden sie ebenfalls heraufkommen und zu Bett gehen. Dieses Zeitfenster mussten sie nutzen. Aus dem Raum nebenan hörte Simone deutlich die Toilettenspülung, dann sich nähernde Stimmen. Die Zimmertür wurde geöffnet, geschlossen und Sabine und Klaus waren im Zimmer. Simone wagte, in ihrem Versteck, kaum zu atmen, so angespannt war sie.

»Ich weiß, du bist müde, aber ich würde dich gerne noch verwöhnen«, sagte Klaus und beendete glücklicherweise die Stille.

»Hier?«, reagierte Sabine überrascht.

»Ja, du wirst ganz leise sein müssen!«, grinste er augenzwinkernd und fing an, sich auszuziehen.

Simone hatte die Schranktür eben so weit aufgedrückt, dass sie durch einen schmalen Spalt in das Zimmer blicken konnte, und hatte perfekte Sicht auf alles. Der mittlerweile nackte Klaus schaltete die Deckenleuchte aus und die Nachttischlampe, die auf der Seite des Bettes vor dem Schrank war, ein. Er selbst setzte sich auf den Boden vor dem flachen Gästebett und legte den Kopf nach hinten auf die Matratze. Simone blickte jetzt genau auf sein fast vollständig erigiertes Glied und wurde feucht. Sie sehnte sich so nach diesem strammen Penis und hätte ihn gerne mit der Hand hochgewichst. Jetzt tat Klaus es selbst, während er zu seiner Freundin sagte:

»Komm her! Ich muss dich küssen und schmecken!«

Sabine zog sich ebenfalls komplett aus und Simone betrachtete sie voller Neugier. Ihre Brüste waren größer als ihre eigenen und die dunklen Nippel wirkten riesig, standen aber trotzdem. Ihre Muschi war behaart und dennoch sah man unter dem Flaum mächtige geile Schamlippen und einen erstaunlich großen Kitzler hervorblitzen. Simone spielte mit einem Finger an ihrer eigenen engen Spalte und bemerkte, dass der Anblick der Nackten sie erregte. Sabine drehte sich jetzt mit dem Rücken zum Schrank und stellte sich kurz breitbeinig über Klaus' Steifen, damit er sie betrachten konnte. Simone sah selbst von hinten, wie ihre Fotze sich dabei für ihn öffnete und den ersten geilen Lusttropfen auf seiner Eichel konnte sie ebenfalls erkennen. Sabine kniete sich auf dem Bett über Klaus' Gesicht und senkte langsam ihr Becken. Simone erzitterte. Sie wusste, was er gleich tun würde und wie sich das anfühlte. Sie wünschte, seine raue Zunge, mit der er tiefer stoßen konnte, als man es für möglich hielt, wäre zwischen *ihren* Schenkeln und nicht bei der anderen Frau. Eben diese Zunge streckte er in diesem Moment heraus, um Sabines Möse endlich erreichen zu können. Nach dem ersten sanften Schlecken setzte die sich vollkommen auf sein Gesicht. Simone stockte der Atem, das hatte sie noch nie gewagt. Nur leise war Klaus' Schmatzen zu hören und sie sah, wie sein Kinn arbeitete, als er die Muschi seiner Freundin gierig ausschleckte. Sabine bewegte sich rhythmisch auf seinem Gesicht und massierte dabei hingebungsvoll ihre Brüste, gab aber keinen Laut von sich. Weiteres klares Sekret rann in dicken Tropfen seinen Steifen hinunter und er wichste ihn wieder langsam. Simones Finger pressten immer härter den eigenen Kitzler und sie spürte, wie ihr Liebessaft ebenfalls aus ihr floss, nahm es aber kaum wahr, zu faszinierend war der Anblick, der sich ihr bot. Plötzlich spannte sich Sabines Arsch extrem an und Klaus packte sie an den straffen Backen, um sie fest auf seinen Mund zu drücken. Sie wimmerte leise, als eine Menge Saft über sein Kinn in Richtung seiner Brust lief und ihr Körper ekstatisch zuckte. Sabine kam eindeutig zum Höhepunkt und Simone packte ihren kleinen prallen Kitzler fest mit zwei Fingern, während die zweite Hand die empfindliche Spitze hart massierte. Den Blick wendete sie dabei nicht von Klaus' steifem tropfenden Schwanz, bis sie sich in einem großen Schwall auf den Boden des Schranks ergoss.

Klaus dirigierte Sabine, deren Beine zitterten, derweil an sich hinunter. Als sie auf dem Fußboden, weiter mit dem Rücken zum Kleiderschrank, über seinem Schwanz kniete, packte er sie erneut an ihren Hinterbacken und zog sie weit auseinander. Simone sah auf das nasse, rosa Innere, das zwischen den dunklen Haaren zu leuchten schien und ihre Erregung erneut anfachte. Dann stieß sein Penis hart nach oben und drang in die fleischige Öffnung, was ein schmatzendes Geräusch erzeugte. Simone konnte nicht aufhören, sich zu befriedigen, und schob selbst zwei Finger in sich. Der Anblick des ungestüm zustoßenden Schafts, des Safts, der seine Hoden hinunterlief und der gedehnten Fotze von Sabine war zu geil. Klaus spreizte etwas die Beine und Simone erblickte seine dicken, feuchten Eier, die wundervoll prall wirkten, während seine Freundin ihn ritt und er ihr entgegenhielt. Eine Hand ließ ihren Arsch los und Simone war sicher, dass er damit jetzt ihren großen Kitzler bearbeitete. Sie selbst gab sich einen dritten Finger und zwirbelte mit der zweiten Hand ihren Nippel, um die eigene Erregung weiter hochzupeitschen. Sabine wimmerte wieder angeregt und Klaus' Penis, der in ihr zuckte, verriet Simone, dass er – genau wie sie – einen Orgasmus hatte. Aber erst, als er seine Freundin von sich herunter und nach unten drückte, damit sie seinen Schwanz sauberlutschen konnte und Simone direkt vor dem Türspalt in die besamte Fotze der Frau auf allen vieren blickte, kam sie ebenfalls erneut. Hätte sie die Hand aus dem Schrank gestreckt, hätte sie das Sperma in der Muschi von Sabine berühren können, so nah war sie der Tür. Zu sehen, wie ihr Inneres zuckte und dabei den weißen Saft ausstieß, war extrem geil.

Sabine beendete Klaus' Säuberung und legte sich in seine Arme. Er hielt sie eine Weile fest, dann meinte er:

»Geh lieber schnell ins Bad, solange noch frei ist. Sicher willst du dich etwas frisch machen?«

Sabine nickte, schlüpfte eilig in Shirt und Slip, küsste Klaus und ging. Kaum hörte man den Schlüssel der Badezimmertür, sprang er auf und öffnete den Schrank. Simone gab sich nicht die Mühe, irgendetwas zu verbergen. Sie lag in ihrem Versteck, die Beine weiterhin gespreizt und den Rock so weit hochgeschoben, dass ihr rotgeriebenes Fötzchen zu sehen war. Auf dem Boden des Schrankes war eine kleine Pfütze des Saftes, den sie verspritzt hatte und der zwischen ihren Schenkeln hinuntergelaufen war. Klaus sah sehnsüchtig und lüstern auf sie hinunter, während sein Penis schrumpelig zwischen seinen Beinen baumelte.

»Ich wünschte, wir hätten mehr Zeit, mein kleines, geiles Täubchen«, sagte er und es klang enttäuscht, als er ihr die Hand entgegenstreckte, um ihr aufzuhelfen.

»Das wünschte ich auch, aber sie wird gleich wieder da sein«, antwortete Simone zickig und drückte ihm wütend ihren Slip in die Hand.

Sie würde auf gar keinen Fall zugeben, wie gut es ihr in Wahrheit gefallen hatte, Klaus beim Ficken zuzusehen, dennoch schien es ihm bewusst zu sein. Er presste das Höschen kurz fest zwischen ihre feuchten Schenkel, roch daran und meinte:

»Dann beeil dich! Morgen bist du dran. Vergiss das nicht!«

Simone sagte nichts. Sie war erschöpft und verschwand leise und schnell wie ein Schatten in ihr Zimmer.

Dort fand sie in dieser Nacht lange keine Ruhe und schaffte es nicht, einzuschlafen. Zu viele geile Bilder und Eindrücke jagten durch ihren Kopf. Sie fühlte sich vollkommen ausgepowert und hatte doch Verlangen nach Klaus.

»Morgen! Morgen kommt er zu mir!«, war ihr letzter Gedanke, bevor sie endlich eindöste.

Der kommende Tag war eine Qual. Simone hatte mehrfach das Gefühl, dass seine Freundin merken musste, welche Blicke Klaus ihr zuwarf und sie selbst sah ständig die Momente der vergangenen Nacht vor sich. Sabines überdehnte Möse und wie die Wichse daraus hervorgelaufen war, waren die Einprägsamsten. Bis zum Abend, als ihre Mutter die erste Flasche Wein öffnete, war Simone schon dreimal kurz davor gewesen, Klaus zu schreiben, dass sie es nicht aushalten konnte und er es ihr unbedingt früher besorgen musste. Doch sie hielt durch. Simone trank kaum etwas und auch Klaus war zurückhaltend. Auffällig war, wie oft er Sabine nachschenkte und so überraschte es wenig, dass sie bald anfing zu gähnen. Als sie auf der Toilette war und Klaus erneut ihr Glas bis zum Rand füllte, zwinkerte er Simone zu und sie begriff, dass dies seine Taktik war, um Sabine früh und auf jeden Fall endgültig ins Bett zu bekommen. Sein Plan schien aufzugehen, schon eine Stunde später flüsterte sie ihm etwas zu und er nickte.

»Ihr Lieben, Sabine fühlt sich nicht so wohl und wir gehen wohl lieber jetzt schon nach oben«, sagte er in die Runde und nachdem seine Freundin leicht schwankte, als sie aufstanden, erhoben Simones Eltern keine Einwände.

Simone half ihrer Mutter beim Aufräumen und als sie und ihr Vater es sich auf der Couch gemütlich machten, verzog sie sich in ihr Zimmer.

Kaum hatte sie die Tür hinter sich geschlossen, wurde ihre Erregung fast unerträglich. Da sie wusste, dass Klaus Reizwäsche und Dessous nicht mochte, zog sie sich aus und wartete nackt unter ihrer Decke, dass er kam. Mit jeder Sekunde, die verging, wurde sie geiler, feuchter und ungeduldiger. Als die Tür sich lautlos öffnete und Klaus nur in seinem Slip vor ihr stand, war sie überhaupt nicht in der Lage, etwas zu sagen. Simone schlug nur die Decke beiseite, um ihn sehen zu lassen, dass sie unbekleidet mit angewinkelten, gespreizten Beinen hier lag. Er betrachtete sie lüstern und kam näher.

»Es hat dir gestern gefallen, uns zuzusehen, hm?«, fragte er leise und holte dabei seinen Schwanz aus der Hose, um ihn vor ihr zu streicheln.

Simone ließ der Anblick die Schenkel weiter öffnen.

»Ich habe heute Morgen deinen nassen Fleck aus dem Schrank gewischt und kann seitdem an nichts anderes mehr denken als dein spritziges Fötzchen!«, flüsterte er fast vorwurfsvoll und kniete sich weiterhin wichsend neben sie auf das Bett.

Mit einer Hand griff er ihr zwischen die Beine und begann damit, ihre Spalte mit Zeige- und Mittelfinger zu reiben.

»Du bist ja schon wieder ganz nass!«, bemerkte er begeistert und umkreiste mit einem der jetzt feuchten Finger fest ihren Kitzler, der sofort prall wurde.

»Ich habe mir gestern vorgestellt, dass du aus dem Schrank kommst und meinen Dicken bläst, während Sabine mein Gesicht reitet. Hast du gesehen, wie mein Schwanz da getropft hat?«

»Ja«, hauchte Simone, die ihre Sprache wiedergefunden hatte und sich gut an die Situation erinnerte.

Ohne dass er es sagen musste, wusste sie, was er sich von ihr wünschte, drehte sich zur Seite und empfing sein Glied mit dem Mund. Sie stellte sich vor, wie es wäre, würde Sabine dabei zusehen und saugte wollüstig an seiner Eichel, bis sie die ersten Lusttropfen schmeckte.

»Ich habe mir ausgemalt, dass sie dein Gesicht besteigt, während ich deine kleine Pflaume heißlecke!«, gestand Klaus weiter, entzog ihr seinen Schwanz und legte sich auf den Bauch zwischen ihre Beine.

Simone konnte erneut nur an Sabines gefüllte Pussy denken und fragte sich, wie es wäre, Klaus' Sperma daraus zu schlecken. Der Zeigefinger, den er ihr in ihre nasse Spalte drückte, holte sie ins Hier und Jetzt zurück. Sie atmete schon schwer, als er damit in sie stieß und der Saft aus ihr gepresst wurde. Klaus leckte gierig darüber, kniete sich hin und hielt mit einer Hand ihre Schamlippen auseinander. Mit der anderen packte er seinen Steifen und schlug ihn gegen ihre rosa geschwollene Klitoris. Bei jedem Schlag zuckte ihre Muschi zusammen und weiterer Saft lief daraus hervor. Simone fiel es schwer, nicht zu schreien, und auch Klaus verlor seine sonst so unerschütterliche

Beherrschung. Er stieß unvermittelt tief in sie und riss seinen Schwanz sofort zurück, um ihn erneut bis zum Anschlag in sie zu rammen. Simone drückte sich verzweifelt das Kopfkissen auf den Mund, um weiter keinen Laut von sich zu geben. Klaus legte sich komplett auf sie und rammelte sie jetzt mit kurzen harten Stößen, was so an ihrem geschwollenen Kitzler rieb, dass sie schnell von ihrem Höhepunkt überrollt wurde. Simone krallte sich an Klaus fest, umschlang ihn mit den Beinen und drückte die Fersen ihrer nackten Füße in seinen Arsch. Diese Umklammerung brachte Klaus dazu, schwer atmend in mehreren Schüben sein Sperma in ihre zitternde Muschi zu pumpen. Danach rollte er sich erschöpft neben sie.

Oh ja! So hatte sie sich seinen Besuch vorgestellt! Verschwitzt, aber äußerst befriedigt, drehte sie sich zu ihm, während sein Saft langsam aus ihr und auf ihren Oberschenkel lief. Simone lächelte ihn zufrieden an und Klaus zerstörte den Moment mit einem Satz.

»Ich muss wieder rüber, nicht dass Sabine doch aufwacht und sich fragt, wo ich stecke!«

Dabei sprang er auf und schlüpfte schon in seinen Slip.

»Warte!«, flehte Simone fast.

»Wann klappt es wieder?«, wollte sie von ihm wissen.

Klaus zuckte die Schultern.

»Ich werde sie nicht jeden Abend abfüllen können«, scherzte er zunächst, als er allerdings Simones ernstem Blick begegnete, verkniff er sich weitere Witze.

»Ich weiß es nicht, aber ich lasse mir etwas einfallen. Ganz bestimmt!«, versprach er ihr und beeilte sich, nach einem flüchtigen Kuss auf die Stirn, ihr Zimmer zu verlassen.

Das Hochgefühl des Orgasmus hielt bei Simone nicht lange an. Sie sollte jetzt warten, dass sie wieder dran war, mit dem Wissen, dass die beiden es Nacht für Nacht nebenan trieben? Damit wollte sie sich nicht abfinden. So sollte der Besuch ihres »Sex-Gurus« nicht ablaufen! Den ganzen kommenden Tag hoffte sie, Klaus käme mit einem Einfall zu ihr, aber er verhielt sich fast abweisend.

Simone legte sich am Abend gefrustet und allein in ihr Bett und nachdem sie hörte, dass Klaus und Sabine ebenfalls ins Zimmer gingen, hoffte sie erneut. Aber nichts geschah. Sie war geil und wieder dachte sie daran, wie sie die beiden beobachtet hatte. Entschlossen schlug sie die Bettdecke zurück und stand auf. Sie würde rübergehen und für klare Verhältnisse sorgen. Augenblicklich! Sie würde nicht schlafen gehen mit diesem Verlangen in sich.

Simone öffnete, so leise es ging, die Tür des Gästezimmers und schlich, wie so oft zuvor, in den Raum, der durch das dämmrige Licht der untergehenden Sommersonne nur schwach beleuchtet war. Trotzdem erkannte sie im Bett die Umrisse von Sabine und Klaus und stellte sich an das Fußende. Die beiden schienen fest zu schlafen und so schob sich Simone von unten vorsichtig zwischen die entspannten Körper. Sie selbst wendete sich Sabine zu. Behutsam fühlte sie mit einer Hand unter die Bettdecke, bis sie deren Schenkel und den Slip ertastete. Weiterhin sachte zog sie den Stoff des Höschens beiseite und strich über die haarige Fotze der Frau. Deutlich spürte sie den Lustknopf, der sich zwischen den großen Schamlippen hervorschob und aufrichtete, als sie ihn streichelte. Sabine regte sich und Simone hielt ihr schnell mit der zweiten Hand den Mund zu.

»Scht, du musst leise sein!«, mahnte sie die schockiert die Augen aufreißende Frau.

Es war offensichtlich, dass Sabine nicht begriff, was ihr da im Augenblick passierte, dennoch blieb sie still. Simone massierte den Kitzler jetzt fester mit dem Daumen und reckte den Zeigefinger suchend Richtung Sabines Spalte. Zuerst spürte sie den feuchten Flaum, wusste, dass sie an der richtigen Stelle war und ließ den Finger dann in der heißen Öffnung verschwinden.

Sabines Augen wurden groß und sie sog hörbar die Luft ein.

»Genieße es, ich will dir nur Gutes tun«, flüsterte Simone und bewegte sanft den Finger in der engen Feuchtigkeit der Schlaftrunkenen.

Hinter ihr hatte sich Klaus gerührt und anhand seines Verhaltens war sie sicher, dass er ebenfalls wach war. Er wartete ab, was passierte! Sabine kam immer mehr zu sich.

»Simone, ich denke, du solltest schnellstens wieder in dein Bett gehen, bevor Klaus oder deine Eltern etwas …«, zischelte sie, kam aber nicht weiter, weil Simone sie stürmisch küsste und dabei einen zweiten Finger in ihr versenkte.

Simone hatte bisher keine Erfahrungen mit Frauen gemacht, spürte aber an der zunehmenden Feuchtigkeit und daran, dass das Innere von Sabine sich merklich entspannte, dass ihre Berührungen sie erregten. Sogar der Kuss veränderte sich. Ihre Zungen spielten miteinander und Sabine streckte eine Hand aus, um ihren kleinen, festen Busen zu streicheln. Gleichzeitig drückte Klaus' Steifer an ihren Po. Er schob ihr Schlafshirt hoch und ihr Höschen nach unten.

»Seid schön leise ihr beiden, dann können wir uns richtig verwöhnen«, flüsterte er, bevor er von hinten in sie eindrang, und Simone war klar, dass sie sicher nicht zum letzten Mal zu den beiden ins Bett geschlüpft war …

Der StrandFick

Jessica saß Anna an dem kleinen Bistrotisch gegenüber und sah sie mit dramatischem Blick von unten an.

»Womöglich kannst du es nicht verstehen, weil du nie so eine lange Beziehung hattest«, erklärte sie eben das Gesagte und versetzte Anna damit unbewusst einen Stich ins Herz.

Logischerweise war die nicht glücklich darüber, dass die Aussage der Freundin voll ins Schwarze traf, trotzdem glaubte sie nicht, dass es ihr nach nur drei Jahren in einer Partnerschaft genauso ergehen würde wie Jessica.

»Ich sage ja auch nicht, dass ich mich trennen will! Sondern nur, dass vieles nicht mehr so ist wie am Anfang. Alles wird Alltag und manches nervt einfach nur. Wenn wir mit seinen Kumpels unterwegs sind, benimmt er sich oft wie ein totaler Vollidiot, zum Beispiel. Und an Abenden, an denen ich nicht dabei bin, ist es vermutlich noch tausendmal schlimmer. Das kannst du dir gar nicht vorstellen«, führte Jessica ihre Beziehungsprobleme weiter aus.

Mit dieser Aussage hatte sie erneut vollkommen recht. Anna konnte sich das in der Tat nicht ausmalen. Für sie waren Jessi und Fabian das perfekte Paar und ein klein wenig war sie schon immer neidisch auf ihre beste Freundin, dass sie sich den gut aussehenden, sportlichen Typen geangelt hatte, der ein Gentleman zu sein schien. Jessica trank von ihrem Cappuccino und redete, ohne eine Antwort abzuwarten, weiter.

»Der Urlaub wird sicher eine Katastrophe! Ich will entspannen, shoppen, mich in einem Wellnesstempel verwöhnen lassen und ein paar nette Bekanntschaften schließen. Er möchte den ganzen Tag Actionprogramm, sich abends an der Bar besaufen und mich danach im Zimmer besteigen, wenn er dazu noch in der Lage ist.«

»Aber du schläfst doch gerne mit ihm, oder?«, fiel Anna ihr ins Wort.

Das war eigentlich nicht ihre Art, jetzt verstand sie allerdings die Welt nicht mehr. Das war doch Grundvoraussetzung für eine Beziehung, dass man gerne mit dem Partner ins Bett ging! Zumindest empfand sie es so – und so etwas von ihrer Freundin zu hören, schockierte sie derartig, dass sie sie ausnahmsweise unterbrach und ihr nicht recht gab. Jessica bemerkte ihr Entsetzen sofort und lenkte ein.

»Doch. Klar. Aber da ist genauso Routine drin, das Feuer fehlt und manche Sachen, die ihm gefallen, mag ich eben überhaupt nicht.«

»Was denn?«, fragte Anna mehr aus Reflex, als dass sie es wissen wollte, und bekam sofort eine Abfuhr von ihrer Freundin.

»Das, meine Liebe, geht dich nichts an und würde dich nur in Verlegenheit bringen. Ich befürchte, bei deinen sexuellen Erfahrungen wüsstest du nicht einmal, wovon ich rede«, war die Antwort, der ein Kichern folgte.

Nicht zum ersten Mal ärgerte sich Anna über Jessica, weil die so tat, als sei sie die große Expertin, da sie schon so lange mit Fabian zusammen war und Anna meist Single gewesen war in dieser Zeit. Aber wie gewöhnlich schwieg sie und sagte nicht, dass sie der Meinung war, dass immer zwei dazu gehörten, das Feuer in einer Beziehung am Brennen zu halten. Die Möglichkeit, dass Fabian im Bett unter Umständen kein Gentleman war, fand sie aber interessant und hätte jetzt zu gerne gewusst, was er wollte und Jessica nicht. Ob es sehr versaut war?

»Aber wir reden hier um den heißen Brei herum, darum geht es doch eigentlich gar nicht!« Mit diesem Satz holte Jessi sich wieder die volle Aufmerksamkeit ihrer Freundin.

Anna war seit der Schulzeit mit ihr befreundet und hatte schon bei Jessicas großzügiger Einladung zum Kaffeetrinken geahnt, dass sie etwas von ihr wollte. Jetzt war sie gespannt, worum es ging, und lauschte neugierig den Worten ihrer Gegenüber.

»Schau, weil das alles so ist, wie es ist und weil ich überhaupt keinen Bock habe, wieder den ganzen Urlaub alleine am Pool zu verbringen, während Fabian sich dümmlich amüsiert, dachte ich, es wäre doch eine grandiose Idee, wenn du mit uns kommst!«

Sie setzte einen Hundeblick auf und sah Anna mit vorgeschobener Unterlippe bittend an. Die war für den Augenblick so überrascht von dem Angebot, dass sie nichts antworten konnte.

Sie kannte Jessica schon so viele Jahre, dass sie wusste, wie anstrengend die Freundin teilweise sein konnte. Andererseits war sie selbst zuletzt während ihrer freien Tage gar nicht weg gewesen, weil sie dazu alleine keine Lust hatte. Dazu kam, dass sie und Jessica sich zu selten trafen, seit diese mit Fabian zusammengezogen war. Zu guter Letzt würde ein gemeinsamer Urlaub ihr die Möglichkeit geben, deren Beziehung live mitzuerleben. Das gab ihr im besten Fall die Gelegenheit zu sehen, was bei den beiden schieflief und die Freundin danach mit einem guten Rat zu unterstützen.

»Wenn du mit uns in ein Zimmer kommst, wäre es auch gar nicht so teuer!«, versuchte Jessica ein Argument für den Urlaub einzuwerfen.

Anna riss entsetzt die Augen auf.

»Das kannst du mal gleich wieder vergessen!«, stoppte sie diesen Gedanken, ehe Jessica ihn für eine gute Idee halten konnte.

»Es liegt überhaupt nicht am Geld, aber bevor ich mit euch in ein Zimmer ginge, würde ich lieber tot umfallen. Trotzdem gefällt mir die Idee und wenn Fabian nichts dagegen hat, wäre ich gerne dabei.«

Jessica jubelte, sprang von ihrem Platz auf und umarmte die Freundin stürmisch.

»Du wirst sehen, das wird ganz, ganz toll! Wir unternehmen ganz viel zusammen, so wie früher! Wir gehen shoppen, lassen uns die Nägel machen und werden so braun, dass die Jungs am Pool sich nach uns verzehren. Vielleicht findest du sogar einen leckeren Urlaubsflirt!«

Dass Jessica das so sagte, als wäre es zwar möglich, aber unwahrscheinlich, störte Anna diesmal gar nicht. Sie freute sich ebenfalls auf die gemeinsame Zeit. Erholung, statt immer nur zu arbeiten und die Abende alleine zu verbringen, klang wahnsinnig verlockend.

Fabian war einverstanden und überließ den Frauen die Auswahl eines Ziels. Schnell war ein einladendes Hotel an der spanischen Küste mit einem eindrucksvollen Pool gefunden. Jessica hatte darauf bestanden, weil sie es zu eklig fand, im Meer schwimmen zu gehen, wegen der *Viecher*, wie sie es ausdrückte. Da Anna sicher war, dass sich Gelegenheit finden würde, ohne die beiden im Meer zu baden, erhob sie keine Einwände.

Ihre Hoffnung fiel aber schon am Ankunftstag in sich zusammen. Direkt nach dem Eintreffen im Hotel hatten Jessica und Fabian den ersten Streit. Es dauerte eine Weile, bis Anna verstand, worum es ging: Er hatte, nach Jessicas Meinung, zu viele Hemden eingepackt, die er auf Kleiderbügel hängen wollte, was sie störte, weil sie den Platz für ihre Kleider und Blusen brauchte. Anna fand die ganze Diskussion lächerlich und im Grunde diskutierte ohnehin nur Jessica, als sie beim Essen zusammensaßen. Sie ließ keine Gelegenheit aus, um eine spitze Bemerkung über Hemden, Kleiderbügel oder Männer mit zu vielen Klamotten loszuwerden. Fabian ertrug all dies schweigend, stand aber sofort nach dem Essen auf und begab sich an die Bar. Er tat Anna leid. Kaum, dass er weg war, beugte Jessica sich verschwörerisch zu ihrer Freundin herüber und meinte:

»Da siehst du es! Er hängt an der Bar und ich sitze allein da! Später kommt er dann, entschuldigt sich und will Sex. Das kann er aber vergessen! Das überlege ich mir frühestens, wenn er seine dämlichen Hemden abhängt! Was hältst du davon, wenn wir uns schnell frisch machen und zu einem Abendspaziergang in der näheren Umgebung aufbrechen? Auf der Herfahrt habe ich einige Boutiquen gesehen. Bestimmt finden wir etwas Hübsches!«

»Willst du nicht lieber einen Spaziergang mit Fabian machen und ihr vertragt euch wieder?«, schlug Anna vor, die perplex war von dem überraschenden Themawechsel der Freundin und lieber versuchte, zwischen den beiden zu vermitteln.

Jessica schüttelte aber nur abwehrend den Kopf.

»Er wird schon sehen, was er davon hat, wenn wir weg sind! Treffen wir uns in fünfzehn Minuten in der Lobby?«

Diesmal nickte Anna nur, für den Augenblick fiel ihr nichts ein, was sie hätte sagen können, um die Situation zu entschärfen, und so ergab sie sich in ihr Schicksal. Sie wollte sich nicht umziehen und nachdem Jessica weg war, ging sie zu Fabian, um ihm wenigstens Bescheid zu geben, wo sie hingehen würden.

»Danke für die Info«, sagte er gleichgültig über seinen Cocktail hinweg.

Als Anna dachte, dass nichts mehr kommen würde, und sich schon umdrehte, um zu gehen, sprach er doch weiter:

»Tut mir echt leid, dass der Urlaub so anfängt. Ich häng die Scheißhemden nachher ab und werde mich entschuldigen. Aber eben nicht sofort! Ich kann nicht immer klein beigeben, will aber auch nicht den ganzen Urlaub mit Streiten verbringen.«

Zuerst wirkte er trotzig, dann sah sie ihm deutlich an, dass ihm die Situation doch zusetzte. Daher legte sie Fabian aufmunternd eine Hand auf die Schulter und erklärte dabei:

»Ich werde sicher für keinen von euch Partei ergreifen, aber du machst das meiner Meinung nach perfekt.«

Fabian schenkte ihr einen dankbaren Blick. Da sie jetzt fand, sie habe schon mehr als genug zu der Angelegenheit gesagt, nickte sie nur kurz und ging in die Lobby, um auf Jessica zu warten. Weil die sich Zeit ließ, nahm Anna auf einem der kühlen, eleganten Ledersofas Platz. Sie fühlte sich nicht wohl bei dem Gedanken, der ihr kam, aber offensichtlich war sie nicht so unparteiisch, wie sie eben behauptet hatte. Sie war eindeutig auf Fabians Seite. Hoffentlich würde sich beim Shoppen die Gelegenheit ergeben, mit Jessica neutral darüber zu reden. Anna wollte der Freundin nicht in den Rücken fallen, ihr aber ihre Sicht mitteilen. Als

Jessi endlich auftauchte, war sie perfekt gestylt, wie immer, und trug ein anderes Kleid. Anna drängte sich die Frage auf, wie viele sie, in den kommenden neun Tagen Urlaub, außer diesem sehen würde, und wer hier wirklich übertrieben hatte. Diesen gehässigen Gedanken verwarf sie aber sofort wieder.

Der anschließende Einkaufsbummel war angenehmer als erwartet und es fühlte sich fast an wie früher. Sie stöberten gemeinsam durch Schmuck, Accessoires und Klamotten. Jessica leistete sich einen pinken Bikini, der überall mit Glitzerpailletten besetzt war und sie in der Sonne funkeln lassen würde. Und im letzten Laden verliebte sich Anna sofort in ein traumhaft schönes Strandkleid.

Als sie Jessica darauf aufmerksam machte, war die augenblicklich ebenfalls Feuer und Flamme.

»Oh ja, das ist Weltklasse! Lass es uns beide kaufen, dann können wir im Partnerlook gehen!«

Ohne eine Antwort der Freundin abzuwarten, winkte sie den attraktiven Verkäufer heran und bat darum, ihnen das Kleid in ihren beiden Größen zum Anprobieren zu bringen. Anna, die die Idee mit dem Partnerlook total albern fand, freute sich innerlich, als er erklärte, es nur noch in ihrer Konfektionsgröße dazuhaben. Er reichte es Anna direkt vom Ständer und sie entschied impulsiv, es anzuziehen. Ihr gefielen Schnitt, Muster und Farbe. So ein Kleid zu finden, an dem einfach alles stimmte, war ein echter Glücksgriff und auch sie durfte nicht immer klein beigeben, selbst wenn Jessica längst eine Schnute zog, weil sie sich scheinbar benachteiligt fand. Schon in der Umkleide, ohne sich zu sehen, spürte Anna, wie gut das Kleid saß. Sie fühlte sich sofort wohl darin. Aber erst als sie herauskam und der Verkäufer zuerst anerkennend pfiff und sie danach immer wieder auf Spanisch »Schönheit« nannte, war ihr klar, dass sie es kaufen würde. Jessicas Gesicht sprach Bände. Ihr gefiel das absolut nicht. Anna setzte dem Ganzen die Krone auf, als sie den Verkäufer bat, ihr die Etiketten herauszuschneiden, weil sie das Sommerkleid gleich anbehalten wollte. Als er es tat, strich er ihr sanft über die Schulter und erklärte ihr, dass er froh sei, dass *sie* das Kleid gekauft hatte, weil es wie für sie gemacht war. Jessica schnaubte kurz verächtlich.

»Ich warte draußen, das dauert hier ja scheinbar länger«, giftete sie und verließ den Laden.

Anna zahlte und beeilte sich, ihr hinterherzukommen. Fast bereute sie den Kauf.

»Der hat dich ja ganz schön vollgesülzt. Hoffentlich hast du gemerkt, dass er es nicht ernst gemeint hat und dir nur mehr verkaufen wollte! Ich konnte es mir echt nicht weiter anhören!«, fing Jessica direkt vor der Tür an zu schimpfen.

»Außerdem muss ich dir ehrlich sagen, ich hätte es fairer gefunden, wenn du das Kleid nicht nimmst, wenn es für mich nicht mehr da ist«, ließ sie ihrem Unmut freien Lauf.

Anna schluckte. Jetzt bereute sie den Kauf ernsthaft.

»Sorry, ich dachte nicht, dass es dich stört«, gab sie kleinlaut zu.

Mittlerweile waren sie wieder in der Lobby und steuerten auf den Bereich mit der Bar zu.

»Tut es auch nicht! Ganz im Gegenteil! Jetzt, wo ich es an dir gesehen habe, bin ich froh, dass es in meiner Größe nicht mehr zu haben war.«

Dieser Spruch saß wie eine Ohrfeige.

»Fabian ist nicht hier! Sicher ist er schon oben im Zimmer und wartet auf mich, um sich zu entschuldigen«, kicherte Jessica, die nicht einmal bemerkt hatte, wie heftig sie die Freundin getroffen hatte.

»Geh nur, ich werde noch ein bisschen am Strand spazieren gehen«, antwortete Anna daher trocken.

Sie hatte für heute keine Lust mehr, sich mit Jessica zu unterhalten, und wünschte ihr nur eine gute Nacht.

Anna war sauer. Sie war wütend auf Jessi, aber noch viel mehr auf sich selbst, weil sie nicht den Mut gehabt hatte, ihr die Stirn zu bieten. Hatte sie nie und würde sie vermutlich auch nie. Sie war eben nicht so ein Mensch.

Anna wollte direkt zum abendlichen Strand, entschied sich dann aber, Fabians Beispiel zu folgen und sich zuvor an der Bar zwei Cocktails für unterwegs mitzunehmen. Der Barkeeper flirtete mit ihr und endlich freute sie sich über ihren Kauf. Jessica hatte doch keine Ahnung! Beschwingt durch die heißen Worte des Kellners und die ersten eilig getrunkenen Schlucke stieg sie über eine kleine Treppe hinunter an den Sandstrand. Das Meeresrauschen beruhigte sie sofort und sie beschloss, nicht weit zu gehen, sondern etwas näher am Wasser auf einer Liege ihre Drinks zu schlürfen und der Sonne, die sich schon orange färbte, beim Untergehen zuzusehen.

»Anna?«, die Stimme ließ sie erschrocken zusammenzucken.

Fabian war so leise hinter sie getreten, dass sie ihn erst bemerkte, als er dicht bei ihr stand.

»Stört es dich, wenn ich mich zu dir setze?«, fragte er und schwenkte demonstrativ zwei Cocktailbecher in der Luft, die er in seinen Händen hielt. »Ich glaube, wir hatten da eine ähnliche Idee!«, lachte er. »Oder wartest du auf jemanden?«, fiel ihm erschrocken ein.

»Nein, aber auf dich wartet jemand! Jessi ist in euer Zimmer gegangen, weil sie denkt, du wärst schon dort«, ließ Anna ihn wissen und war etwas enttäuscht, dass er sich nicht zu ihr setzen würde.

»Ich denke, sie kann durchaus noch ein bisschen länger warten«, schimpfte Fabian, lachte bitter und nahm trotzdem neben Anna auf der Liege Platz. »Ich wette, sie ist ohnehin beschäftigt.

Meine Hemden habe ich nämlich vorhin schon abgehängt. Sie kann sich jetzt im Kleiderschrank entfalten!«

Selbst wenn es im Grunde nicht komisch war, musste Anna doch lachen. Sie kicherte noch immer, als sie Fabian erklärte:

»Vielleicht hilft es dir, zu erfahren, dass ich jetzt auch bei Jessi in Ungnade gefallen bin.«

»Du?«, er war ehrlich entsetzt und Anna erzählte ihm, was vorgefallen war.

Fabian hatte die Ellenbogen auf den Knien aufgelegt, stützte jetzt den Kopf in die Hände und schüttelte ihn verständnislos. Anna bereute, ihm die Geschichte erzählt zu haben, bis sie bemerkte, dass er ebenfalls lachte.

»Tut mir echt leid«, meinte er glucksend, »aber ich stelle mir gerade vor, wie ich Streit mit einem Kumpel anfange, weil er sich eine Badehose kauft, die in meiner Größe nicht mehr da ist! Die hat Sorgen!«

Anna versuchte erneut, ernst zu bleiben, schaffte es aber nicht. Der Gedanke war zu grotesk. Sie platzte heraus und lachte diesmal schallend. Dabei lehnte sie ihren Kopf an Fabians Schulter. Er ließ es zu und legte eine Hand auf eines ihrer Knie. Mittlerweile saßen sie Schenkel an Schenkel beieinander.

»Du hast auf jeden Fall nichts falsch gemacht und das Kleid steht dir unheimlich gut«, beruhigte er sie und strich währenddessen ihren Oberschenkel auf und ab. Auch wenn es sein konnte, dass er nur den Stoff des Kleides befühlte, bekam Anna dabei doch eine Gänsehaut. Fabian war ein toller Typ und Jessica war so ungerecht zu ihm. Sie drehte ihm ihr Gesicht zu, um sich zu bedanken, und ehe sie es sich versah, küssten sie sich. Keiner von ihnen hatte damit angefangen, es passierte einfach. Anna genoss, wie Fabians Zunge immer fordernder ihren Mund erkundete und seine Hand dabei auf ihrem Schenkel immer höher rutschte. Als er zwischen ihren Beinen angelangt war, verharrte er kurz, als würde er ihre Reaktion abwarten. Für einen Augenblick meldete sich bei Anna das schlechte Gewissen Jessica gegenüber.

Aber hatte die nicht gesagt, dass es ihr lästig war, wenn Fabian heute Sex von ihr wollte? Tat sie ihr nicht also sogar einen Gefallen? Sie legte ihre Hand auf seine, presste sie fester auf ihren Intimbereich und drückte sich ihm entgegen. Er verstand die Aufforderung sofort und schob seine Hand eilig unter das Kleid, während er sie weiter küsste. Einer seiner Finger bahnte sich den Weg in ihren Slip und tastete sich bis zu ihrer Spalte vor. Anna stöhnte auf, als er seine Fingerkuppe sanft in sie schob. Es überraschte sie, wie schnell und hemmungslos er bei ihr ranging.

Diese Berührung machte ihr erst bewusst, wie stark sie sich ebenfalls nach Sex sehnte, speziell mit ihm. Sie wollte auf keinen Fall, dass er aufhörte. Es fiel ihr schwer, aber sie entzog sich ihm. Dann sah sie sich um, aber das war unnötig. Sie waren hier völlig alleine. Alle waren längst an der Bar, von wo das Animationsprogramm herüberschallte.

»Wenn du wüsstest, wie oft ich schon davon geträumt habe, mit dir zusammen sein zu können!«, raunte Fabian und Anna lächelte ihn an.

Auch sie hatte sich in der Vergangenheit öfter dabei ertappt, sich vorzustellen, was für ein Liebhaber Fabian war. Jetzt stellte sie sich vor den Sitzenden, zog unter dem Kleid ihr Höschen aus und legte es herausfordernd neben ihn auf die Strandliege. Seine Augen leuchteten erwartungsvoll, als er sie von unten ansah. Sie ließ ihn nichts sehen und ging stattdessen vor ihm, im warmen Sand, auf die Knie.

»Oh Gott, Anna, was hast du vor?«

Dass er sich auf den Unterarmen zurücklehnte, während er die Frage stellte, zeigte ihr, dass er durchaus ahnte, was sie tun wollte. Anna würde ihm geben, was er ihrer Meinung nach verdiente: eine Frau, die ihn einmal anständig verwöhnte. Sie zog ihm die Hose bis zu den Oberschenkeln herunter und stützte sich mit den Armen auf diese, um ihr Gesicht dicht an seinen Steifen zu bringen. Dies machte ihn aber offensichtlich so nervös, dass sein Schwanz an Standfestigkeit verlor. Anna zögerte nicht. Sofort nahm sie ihn komplett in den Mund und fing gierig an, daran zu saugen. Fabian stöhnte und schloss die Augen. Schnell wuchs sein Glied in ihrer warmen, feuchten Mundhöhle wieder zu seiner vollen Größe heran und sie hatte Mühe, ihn weiter vollständig darin aufzunehmen. Mit ihren Lippen fühlte sie, wie er immer härter wurde, und sie schmeckte erste Tropfen seines Liebessaftes. Die Vorhaut schob sich komplett zurück und legte seine rosige, pralle Eichel frei. Anna umspielte sie mit der Zunge und spürte den ausgeprägten Rand. Sie wollte unterbrechen, um seinen Penis vollerigiert betrachten zu können, aber Fabian packte sie an den Haaren am Hinterkopf und ließ sie nicht zurückweichen.

»Hör nicht auf, Anna! Das tut so gut!«, bettelte er und presste ihr seinen Steifen so tief in den Hals, dass sie würgte.

Einige Male stieß er ihn ihr weit in den Rachen und stöhnte dabei geil, bis sie es schaffte, sich ihm zu entziehen. Anna betrachtete den feuchtglänzenden Schwanz und entschied, dass es jetzt genug damit war. Sie spürte, wie nass es zwischen ihren Schenkeln geworden war, während sie seinen Schwanz geschluckt hatte, und wollte ihn endlich in sich fühlen. Sie würde das Kleid nicht einmal ausziehen müssen. Es war weit genug, sodass sie sich auf ihn setzen konnte und niemand sehen würde, was sich darunter abspielte. Anna kniete sich auf der Liege über Fabian und wichste für den Moment sein Glied, während sie das Kleid zwischen ihren Beinen kurz anhob, um ihm wenigstens einen Blick auf ihre feuchte Spalte zu gönnen. Die hatte sich schon für ihn geöffnet. Fabian streckte die Hand aus, um sie erneut mit seinem Finger zu erkunden. Aber kaum, dass er damit über ihre schlüpfrigen Schamlippen strich, um ihn in sie gleiten zu lassen, drückte sie seine Hand von sich weg und schob jetzt ihr Becken über seinen Steifen. Den hielt sie weiter in ihrer Hand, ließ ihren Unterleib darauf sinken und das Kleid los, sodass keiner von beiden sehen konnte, wie sie seine vor Verlangen feuchte Eichel in ihre rosa Öffnung schob. Fabian hielt es nicht mehr aus, packte sie an der Hüfte und drückte sie auf seinen Schoß. Er drang in sie ein und fühlte sich riesig und steinhart in ihrem zarten, rosa Fleisch an, was sie keuchend nach Luft schnappen ließ. Schon lange hatte sie keinen so gewaltigen Schwanz mehr in sich gehabt und sie wollte das Gefühl auskosten. Daher blieb sie fest auf ihm sitzen und küsste Fabian erneut. Er schien es ebenso zu genießen, denn er drängte sie nicht, ihn zu reiten, sondern griff mit einer Hand in ihrem Ausschnitt nach einer ihrer Brüste und spielte an ihrer Brustwarze. Dieser zunächst sanfte Reiz führte dazu, dass sich ihre Muschi enger um seinen Prallen schloss und der reagierte darauf, indem er fest anfing zu zucken. Sie waren beide nicht mehr weit von einem Orgasmus entfernt und Annas Bedürfnis, sich auf ihm zu bewegen, wurde immens. Fabian zog hart an ihrem Nippel. Damit entlockte er ihr ein heiseres Aufstöhnen und brachte ihre Möse dazu, ekstatisch zu krampfen. Jetzt stöhnte er auf, weil sein Steifer so fest umschlossen wurde, dass er seinen Höhepunkt nicht mehr hinauszögern konnte. Er kam gleichzeitig, als die Stimme hinter ihnen rief:

»Anna? Fabi?«

Anna reagierte geistesgegenwärtig, sprang von Fabians Schoß und setzte sich auf ihren Slip, sodass dieser verdeckt war. Sein Sperma, das weiter aus ihm spritzte, verteilte sie dadurch auf ihrer Spalte und ihren Innenschenkeln. Er war ebenso blitzschnell, zog seine Hose hoch und das Shirt herunter. Als Jessica im Zwielicht zwischen zwei Palmen hervortrat und angewidert ihre Füße schüttelte, war für sie nicht mehr sichtbar, was hier Sekunden zuvor geschehen war.

»Da seid ihr ja! Beide! Ich habe euch überall gesucht! Der Typ an der Bar meinte, ihr seid vielleicht am Strand. Ihr wisst doch, wie ich das hasse! Jetzt habe ich Sand zwischen den Zehen! Sagt mal, betrinkt ihr euch?«, fragte sie vorwurfsvoll und deutete auf die leeren beziehungsweise halb leeren Cocktailbecher, die im Sand standen.

»Nicht wirklich! Darfst aber gerne bei mir probieren«, gab Anna schnell zurück, weil sie aus dem Augenwinkel beobachtete, wie Fabian panisch versuchte, unauffällig seine Hose zu schließen, um sich normal hinsetzen zu können. Jessica nahm den ihr entgegengestreckten Becher und trank, was ihm Gelegenheit dazu gab, sich schnell die Kleidung zu richten.

»Ist lecker! Wollen wir nicht alle zusammen noch mal an die Bar? Ich mag hier nicht bleiben. Der Sand!«

Anna versuchte Fabian nur durch Blicke mitzuteilen, dass sie unmöglich aufstehen konnte, weil sie nicht wusste, wohin mit ihrem Höschen. Gleichzeitig sagte sie:

»Geht ihr nur alleine. Ich bleibe noch kurz hier und gehe dann ins Bett. Bin heute echt geschafft. Schlaft ihr schön!«

Das entsprach nicht der Wahrheit, aber Anna wollte jetzt auf gar keinen Fall mit Jessica zusammensitzen, nachdem das gerade noch glimpflich ausgegangen war. Fabian hatte zumindest verstanden, worum es ging, und verzog sich schnellstmöglich mit Jessi, die weiter über den Sand nörgelte, auch wenn er zu bedauern schien, sie jetzt so verlassen zu müssen. Kaum waren die beiden außer Hör- und Sichtweite, schlüpfte Anna in ihren Slip und ärgerte sich, dass Jessica ihren Cocktail ausgetrunken hatte. Nach dieser Aktion hätte sie einen großen Schluck davon gebrauchen können. Nachdenklich ging sie auf ihr Zimmer und tatsächlich ins Bett, nachdem sie sich gewaschen hatte. Sie träumte von Fabian und was er mit seinem prächtigen Schwanz alles mit ihr anstellen würde.

Dementsprechend gerädert erschien sie am nächsten Morgen beim Frühstücksbuffet. Ihre Freunde sahen aber kaum besser aus als sie. Fabian warf ihr Blicke zu, die ein angenehmes Kribbeln zwischen ihren Beinen auslösten, und Anna lächelte ihm verführerisch zu, so oft es möglich war. Kurz nach dem Essen entschuldigte er sich und ging auf das Zimmer vor. Jessica nutzte die Gelegenheit und winkte Anna näher zu sich heran.

»Du glaubst nicht, was er gestern gemacht hat!«, wisperte sie verschwörerisch.

Anna, die sofort neugierig war, versuchte, sich das nicht anmerken zu lassen, und fragte so neutral wie möglich:

»Fabian? Was hat er denn gemacht?«

»Er hatte seine Hemden schon abgehängt, als ich alleine im Zimmer war, daher dachte ich, er würde wieder mal angekrochen kommen und sich entschuldigen, für seinen dummen Fehler. Deshalb wollte ich ja noch mit ihm an die Bar, da hätte er um Verzeihung bitten müssen, ohne gleich wieder Sex zu wollen!«

Bei der Erwähnung von Sex und Fabian in einem Atemzug wurde es Anna erneut heiß zwischen den Schenkeln und sie lauschte gespannt weiter.

»Aber erstens hat er sich überhaupt nicht entschuldigt und als ich im Zimmer noch mal mit den Hemden angefangen habe, um das aus der Welt zu schaffen, meinte er, er sei zu müde dafür und hat darauf bestanden, auf dem kleinen Sofa zu schlafen.«

Jessica lehnte sich zurück, verschränkte die Arme vor der Brust und machte ein wichtiges Gesicht, als erwarte sie eine detaillierte Analyse zu dieser Ungeheuerlichkeit. Annas Herz hüpfte aber lediglich vor Freude, als sie das hörte. Glücklicherweise musste sie nicht darauf reagieren, weil Jessica direkt weiterredete.

»Ich verstehe ja, wenn er neben einer Frau wie mir nicht einschlafen kann, ohne Sex zu wollen, dass er aber so bockig ist, wegen ein paar blöden Hemden, ist schon lächerlich! Findest du nicht?«

Anna glaubte, den wahren Grund für Fabians Enthaltsamkeit zu kennen, und wollte sicher nicht gegen ihn sprechen, daher bemerkte sie nur vage:

»Vielleicht hat er nur etwas Abstand gebraucht?«

Jessica zuckte die Schultern.

»Möglicherweise hatte er auch so viel getrunken, dass er keinen mehr hochbekommen hat, und wollte das vor mir verbergen!«

Anna, die wusste, dass das nicht der Fall gewesen war, ging nicht auf die Bemerkung ein und machte ein ratloses Gesicht.

»Egal! Der beruhigt sich wieder! Wollte es dir nur mal erzählen. In einer Stunde am Pool? Mein neuer Bikini will ausgeführt werden!«, wechselte Jessi erneut schlagartig das Thema.

Diesmal war Anna jedoch froh darüber.

Sie ließ sich Zeit und kam erst etwas später am Hotelpool an, sodass die beiden schon in der Sonne lagen, als sie eintraf. Fabian hatte ihr neben sich eine Liege freigehalten und grinste, als er sie sah. Jessica glitzerte und funkelte auffallend im Sonnenlicht, und so war es wenig verwunderlich, dass der Animateur ausgerechnet sie aus der Menge pickte, um mit ihm auf der Brücke über den Pool einige Wassergymnastikübungen vorzumachen. Jessi war voll in ihrem Element, als die Augen aller auf sie gerichtet waren, und Anna nutzte die Chance, um Fabian endlich auf den Vorabend anzusprechen.

»Du schuldest mir noch einen Orgasmus«, meinte sie frech.

Fabian setzte sich auf und blickte sie sofort aufmerksam an, als habe er nur auf ein Kommando von ihr gewartet.

»Ist das so?«, fragte er dann grinsend.

Anna setzte sich ebenfalls aufrecht hin. Beide drehten immer wieder ihre Köpfe in Richtung Jessica, damit der nicht auffiel, dass sie redeten und sie nicht bei ihrer Show beachteten.

Anna winkelte ein Bein an und legte es vor sich auf die Liege, das andere stellte sie seitlich angewinkelt auf und versperrte so die Sicht auf ihr Bikinihöschen für jeden, der weiter entfernt war als Fabian. Der bemerkte dies erst, als sie sagte:

»Ja, das ist so, denn du hast mich ganz schön bespritzt gestern. Dein Sperma war überall!«

Mit diesem Satz holte sie sich seine volle Aufmerksamkeit, und als er sie ansah, zog sie ihr Höschen zur Seite und erklärte, während sie mit dem Finger auf ihren Kitzler, die Schamlippen und zuletzt ihren Scheideneingang deutete:

»Hier war es, und hier – und hier ist es auch herausgelaufen. Ein Orgasmus ist das Mindeste, was du tun kannst!«

Mit zwei Fingern zog sie jetzt ihre Läppchen sanft auseinander und fuhr mit einem der zweiten Hand über den hervortretenden Kitzler.

»Spinnst du? Du kannst mir doch nicht hier in aller Öffentlichkeit dein scharfes Fötzchen zeigen!«, flüsterte Fabian heiser.

Der Klang seiner Stimme und die Tatsache, dass er sich weiter vorbeugte, um sie zu verdecken und besser sehen zu können, zeigte ihr, dass er absolut nicht meinte, was er sagte. Sie streichelte sich also weiterhin vor ihm und auch er griff sich in den Schritt und zog den Stoff der Badehose straff, sodass sie deutlich die dicke, dort entstehende Beule sehen konnte. Da endete der Song, die Leute applaudierten begeistert und Jessica stolzierte selbstverliebt zu ihrer Liege zurück.

Anna schob schnell ihr Höschen wieder an seinen Platz und Fabian legte sich auf den Bauch. Seiner Freundin fiel nichts auf, sie war zu sehr damit beschäftigt, von sich selbst zu schwärmen. Sie war schon jetzt ganz heiß auf das Abendanimationsprogramm an der Bar. Dort wollte sie wieder Teil der Show werden und entschied daher, dass sich alle beim Abendessen beeilen sollten, damit sie genug Zeit hatte, sich zu stylen, bevor es losging. Anna und Fabian hörten ihr gar nicht zu und tauschten tiefe Blicke aus. Ihr Verlangen wuchs wieder und sie erhoben keine Einwände dagegen, den Abend zu dritt an der Bar zu verbringen.

Als Jessica nach dem Essen den Saal betrat, drehten sich tatsächlich etliche Leute nach ihr um, so hatte sie sich aufgehübscht, aber Fabian hatte nur Augen für Anna. Die Spannung zwischen ihnen war geradezu fühlbar, als stünde die Luft unter Strom. Beide warteten nur auf eine Gelegenheit, sich ohne Jessica unterhalten zu können und drückten ihr daher die Daumen für einen Auftritt, oder Ähnliches, aber nichts davon trat ein. Sie reckte und streckte sich die ganze Zeit angestrengt auf ihrem Platz, um dem Animationsteam aufzufallen, und doch wurde sie nicht aufgefordert mitzumachen.

»Ich geh mal aufs Klo, das dauert ja hier!«, verkündete sie, nachdem weiter niemand Notiz von ihr nahm.

Kaum war sie in den Waschräumen verschwunden, trat Fabian neben Anna, die auf einem Barhocker saß. Er drückte sein Becken gegen die Seite ihres Pos und sie spürte deutlich seine Erektion.

»Ich gehe jetzt hoch ins Zimmer und werde an dich und deine süße Spalte denken, wenn ich mir einen runterhole. Ich ertrage es nicht mehr, dich die ganze Zeit zu sehen und ihn dir nicht reinstecken zu können«, raunte er ihr ins Ohr und am liebsten wäre Anna direkt mit ihm gegangen. Sie war genauso erregt wie er, aber das wagte sie trotzdem nicht. Als Jessica frisch geschminkt zurückkehrte, war er schon eine Weile verschwunden.

»Wo ist Fabi?«, fragte sie sofort.

»Ich glaube, er wollte schnell ins Zimmer«, gab Anna Auskunft.

Da vibrierte ihr Smartphone. Sie blickte desinteressiert auf das Display, bis sie erkannte, dass Fabian ihr eine WhatsApp-Nachricht mit Bild geschickt hatte. Sie schob das Handy unter die Theke, hielt es dicht an ihren Bauch und schielte nur nach unten, um das Foto sehen zu können, ohne dass Jessica es mitbekam. Dann verschlug es ihr den Atem und ihr Gesichtsausdruck sprach vermutlich Bände, als sie erblickte, was er ihr geschickt hatte. Auf dem Handy erschien ein Bild von Fabians Schwanz und seiner Hand. Der Penis begann zu erschlaffen und er, genau wie die Handfläche und Finger, waren voller Sperma.

»Jetzt ist er explodiert! Nur deinetwegen, weil du mir so ein Rohr verpasst hast heute am Pool!«, stand darunter.

»Was siehst du dir da an?«, fragte Jessi, neugierig durch Annas Reaktion. Sie beugte sich schon seitlich unter die Tischplatte, um auf das Display sehen zu können, und Anna war gezwungen, das Foto eilig wegzudrücken.

»He! Schreibt dir etwa ein Typ?«, vermutete Jessica sofort.

Anna wurde rot und verriet der Freundin damit mehr als beabsichtigt.

»Hast du den am Strand getroffen?«, bohrte die weiter.

»Ja«, gab Anna zu und musste damit nicht einmal lügen.

Jessica grinste.

»Aha! Und warum in drei Teufels Namen verschweigst du mir das?«

Anna rang nach einer Ausrede, entschied aber, weitmöglichst bei der Wahrheit zu bleiben.

»Na ja, er ist nicht allein im Urlaub und will vorläufig nicht, dass jemand von uns weiß«, gestand sie.

Jessi wirkte begeistert.

»Ein vergebener Kerl? Anna, du schockst mich! Aber ganz ehrlich? Wenn der Typ im Urlaub fremdgehen will, ist seine Tussi wohl eine Niete im Bett! Also schnapp ihn dir!«, war ihr Urteil und fast hätte Anna laut herausgelacht.

»Erst mal abwarten«, gab sie Jessica zurückhaltend zur Antwort und zuckte die Schultern.

Sie wollte auf gar keinen Fall weitere Ratschläge der Freundin zu dem Thema hören. Nein, sie wollte sich in aller Ruhe das Bild von Fabian ansehen und daher verzog jetzt sie sich auf die Toilette. Mit ihrem Handy! In der Sicherheit der Kabine wagte sie endlich, eine Antwort zu schreiben:

»Oh Gott, du machst mich verrückt!«, war das Einzige, was ihr einfiel und annähernd beschrieb, wie sie sich beim Betrachten des Bildes fühlte. Sie dachte darüber nach, sich gleich hier selbst zu befriedigen, fand das aber nicht angemessen. Sie wollte sich Zeit nehmen, das Foto dabei ansehen, ranzoomen und an Fabian denken. Die Erinnerung daran, wie sein starker Schwanz in ihr gesteckt hatte, überkam sie erneut und sie sehnte sich danach, ihn noch mal zu spüren. Sie riss sich zusammen, dafür war später Zeit! Sie musste hinaus zu Jessica, bevor die sich Gedanken machte.

Als sie wieder an die Bar kam, waren ihre Wangen gerötet und es fühlte sich an, als sei die Temperatur um zehn Grad angestiegen. Nur Fabian saß auf ihrem Platz, grinste sie an und deutete Richtung Bühne, wo Jessica glückselig Kugeln mit Zahlen aus einem Eimer zog. Sie war die Bingo-Glücksfee und offensichtlich überzeugt davon, die einzig Wahre für diesen Job zu sein.

»Ich mache also dich verrückt?«, fragte Fabian sofort, nachdem sie sich neben ihn gesetzt hatte. »Ich behaupte, es ist genau umgekehrt! Du machst mich verrückt! Wir müssen es unbedingt schaffen, morgen alleine sein zu können. Sonst drehe ich durch! Ich kann an nichts anderes mehr denken als deine scharfe Pflaume!«

Anna wurde es noch heißer.

»Wie willst du das anstellen?«, fragte sie atemlos und verzweifelt.

»Keine Ahnung, ich habe gehofft, du hast eine Idee!«

»BINGO!«, brüllte ein Kerl, der näher an der Bühne saß und stürzte direkt nach vorne, um seinen Preis abzuholen.

Jessica würde gleich zurück sein.

»Können wir ihr das denn antun?«, fragte Anna mit Kopfnicken in ihre Richtung.

»Kannst DU ihr das antun?«, wäre die richtigere Frage gewesen, denn dass sie wollte und konnte, wusste sie schon.

»Darauf kann ich ehrlich gesagt keine Rücksicht nehmen, dafür begehre dich viel zu sehr, Anna. Fühlst du das nicht? Geht es dir nicht genauso?«

»Doch«, musste sie zugeben.

Sie blickte kurz zu Jessica, die den Mann mit Küsschen auf die Wange beglückwünschte und ihm seinen Preis übergab. Reue oder ein schlechtes Gewissen empfand sie nicht ihr gegenüber. Oft genug hatte die Freundin erklärt, wie zuwider es ihr war, wenn Fabian Sex von ihr wollte. Sie nahm ihr demnach nichts. Jessica stieg unterdessen von der Bühne und sprach dort mit einem Herrn im Anzug, dabei strahlte sie und nickte. Fabian drückte kurz Annas Hand.

»Wir finden schon einen Weg«, war das Letzte, was er sagen konnte, bevor Jessica zu dicht bei ihnen war.

»Ihr glaubt nicht, was mir eben passiert ist!«, tönte die schon aus einiger Entfernung und schien vollkommen aus dem Häuschen zu sein.

»Ihr glaubt es nicht! Ihr glaubt es nicht!«, quietschte sie weiter, als sie sich zu ihnen setzte.

»Was?«, fragten beide wie aus einem Mund und Anna wurde rot. »Der Leiter vom Wellnesstempel hat mich eben angesprochen und möchte, dass ich morgen vorbeikomme. Er findet mich atemberaubend und fragt, ob ich bereit wäre, für einige Werbeaufnahmen Model zu sein!«

Jetzt schwieg Jessica und machte ein erwartungsvolles Gesicht. Sie wollte Begeisterung von ihren Freunden hören. Anna und Fabian warfen sich einen raschen Blick zu, bei dem ihrer beider Augen leuchteten. Sie witterten ihre große Chance und bekräftigten Jessica, das bloß auszukosten, sich Zeit zu lassen und mitzunehmen, was nur ginge. Gleichzeitig versuchten sie, unauffällig in Erfahrung zu bringen, wie lange sie beschäftigt sein würde. Am Ende waren sich alle einig, dass dieser Erfolg ein Grund zum Feiern war, auch wenn Jessica nicht ahnte, dass ihre Freunde eine andere Freude empfanden als sie.

Anna ging aufgeregt und voller Vorfreude zu Bett. Sie wusste, dass Jessi vor dem Mittagessen schon gehen würde, nur für wie lange, war leider ungewiss. Beim Frühstück versprach Anna, um elf Uhr in der Lobby zu sein, um Jessica Glück zu wünschen. Logischerweise würde Fabian ebenfalls da sein und sie konnten direkt entscheiden, wie sie die Zeit nutzen würden. Anna überließ nichts dem Zufall und trug ihr neues Kleid, selbst wenn sie überzeugt davon war, dass es keinen Unterschied machte. Fabian wollte sie, egal was sie anhatte.

Sie wünschten Jessi Erfolg bei ihrer Fotosession und warteten dann ungeduldig, bis sie die Eingangshalle verlassen hatte.

Anna klopfte das Herz sofort bis zum Hals. Ihre angestaute Erregung kochte über. Sie wartete nicht, bis Fabian irgendetwas sagen konnte, sondern nahm ihn an der Hand und zog ihn voller Begierde mit sich.

»Komm mit auf mein Zimmer!«, forderte sie den Überrumpelten auf.

Er folgte ihr widerstandslos. Auch er brannte vor Verlangen. Erst nachdem sie ihre Tür hinter ihnen geschlossen hatte, küssten sie sich endlich und Anna schob ihn dabei geschickt rückwärts zum Bett. Als er dort mit den Unterschenkeln anstieß, gab sie ihm einen sanften Schubs, sodass er rücklings auf der Matratze landete.

»Ich hätte nie geglaubt, dass du so fordernd sein kannst«, gestand er atemlos, »aber ich liebe es! So weiß ich sicher, dass du mich auch willst!«

Anna lächelte, sie hatte nicht vor, jetzt zurückhaltender zu werden, aber das war gut zu wissen. Sie setzte sich auf Fabian. Wie am Strand hob sie nun den Rock ihres Kleides, damit er ihr knappes Höschen sehen konnte. Dieses bestand vorne wie hinten lediglich aus einem schmalen Streifen Spitze und rutschte ihr mittlerweile weit zwischen die Schamlippen.

Fabian stöhnte beim Anblick ihrer gespaltenen Läppchen, inmitten deren der Stoff verschwand. Er zog am oberen Ende und jetzt seufzte Anna, als er ihn ihr so tiefer in die Spalte zog. Dies verführte ihn dazu, den Vorgang mehrmals zu wiederholen, bis sie ihre Lust immer lauter herausließ. Was die Zimmernachbarn oder zufällig vorbeikommendes Hotelpersonal dabei dachten, war ihr egal. Sie wollte Fabian so unbedingt, dass sie sogar nicht aufgehört hätte, wenn Jessica jetzt an ihre Tür geklopft hätte. Ihr Verstand war im Augenblick nur auf die dringende Befriedigung ihrer Lust eingestellt und für sonst nichts zu gebrauchen. Sie stoppte Fabian und zog das Kleid über den Kopf aus. Da Anna darunter keinen BH anhatte, konnte er sofort ihren prallen Busen bewundern. Er knetete ihre Brüste, packte sie dann fest und spielte mit den Daumen an ihren harten Brustwarzen. Anna drückte ihren Schoß auf die durch die Shorts deutlich fühlbare Erektion. Als sie ihre Muschi an ihm rieb, fühlte es sich an, als würde sein Schwanz noch härter werden. Er drängte ihn ihr entgegen. Anna bremste ihn erneut. Sie nahm Fabians Hände in ihre und drückte sie über seinem Kopf auf die Matratze. Dort hielt sie sie fest und schob ihren Körper nach oben, sodass einer ihrer Nippel seine Lippen berührte. Sofort öffnete er den Mund, um gierig daran zu saugen. Anna stöhnte wieder und Fabian stieß weiter mit seinem Steifen, während er dies tat. So weit, wie sie hochgerutscht war, berührte er aber nur mit der Eichel ihren Po. Ihr Verlangen wurde dadurch immer drängender und doch wollte Anna den Moment, in dem sein ungestümer Schwanz in sie drang, hinauszögern. Sie gab ihm die zweite Brust, damit er an dieser ebenfalls ausgiebig saugen konnte. Dabei ließ sie seine Hände jetzt los. Er nutzte die Chance sofort und zupfte ungeduldig an ihrem Höschen.

»Zieh das aus. Ich will auch deine süße Möse kosten!«, forderte er sie auf.

Anna schlüpfte geschickt aus ihrem Slip und kniete sich über sein Gesicht. Einige Liebhaber hatten sie schon oral verwöhnt, aber auf ihnen gesessen hatte sie dabei nie. Daher näherte sie sich seinem Mund nur zaghaft und vorsichtig. Zunächst leckte er nur spielerisch über ihren Kitzler und ließ seine Zunge einige Male in ihre Spalte schnellen, dann packte er Anna aber am Hintern und zwang sie so, sich fest auf seinen Mund zu setzen. Was er danach tat, hatte sie so noch nie erlebt. Fabian saugte ihren Kitzler und die gesamten Schamlippen weit in seinen Mund. Das Gefühl war so überraschend und intensiv, dass sie reflexartig versuchte, sich ihm zu entziehen, aber er ließ ihr keine Chance. Fest wie in einem Schraubstock hielt er sie weiter auf sich gedrückt. In seiner Mundhöhle spielte er mit der Zunge an ihrem so extrem empfindlichen Kitzler, während er sie weiterhin angesaugt hatte. Anna hatte ihren Körper nicht mehr unter Kontrolle. Ihr Saft lief aus ihr und über Fabians Kinn, bis zu seinem Hals hinunter. Nie zuvor hatte sie sich mit einem Mann so gehen lassen. Er ließ kurz von ihr ab, gab sie frei, um jetzt mit der Zunge tief in ihre übernasse Spalte zu stoßen, bis sie wimmerte, dann saugte er sich erneut an ihrer Muschi fest und wiederholte sein Spiel. Anna war nicht mehr Herrin ihrer Sinne, als er sie abrupt losließ und meinte:

»Dreh dich um, bitte. Lutsch meinen Schwanz, während ich weiter dein Döschen ausschlecke!«

Nur zu gerne kam sie dieser Aufforderung nach. Anna sehnte sich schon nach seinem perfekten Penis und konnte es kaum erwarten, ihn ebenfalls zu schmecken. Sie drehte sich und nachdem er seine Hose ausgezogen hatte, kniete sie sich erneut über seinen Mund. Fabian überrumpelte sie aber damit, dass er sie an den Schenkeln packte und sich mit einem Ruck mit ihr herumrollte. Jetzt war er auf ihr. Anna war es egal. Sein Steifer schwang über ihrem Gesicht und sie nahm ihn in die Hand, um ihn an ihren Mund zu führen. Kaum umschlossen ihn ihre Lippen, begann Fabian damit, in sie zu stoßen, dabei stöhnte er erleichtert. Sein Schwanz war feucht und schmeckte nach den ersten Lusttropfen. Anna nahm ihn gerne auf. Wieder saugte er sich an ihr fest, schob aber diesmal zwei Finger jeder Hand in ihr schlüpfriges Loch und dehnte sie damit, bis sie vor Erregung aufschrie. Zu hören war davon aber fast nichts, denn sein Penis, mit dem er weiter in ihren Mund fickte, dämpfte jedes Geräusch aus ihrem Hals.

»Schluck den Dicken schön! So ist es gut!«, japste er, ließ dabei von ihr ab und benutzte jetzt nur noch die Finger einer Hand, um in sie zu stoßen.

Anna wand sich und bäumte sich unter ihm auf. Ihr Höhepunkt kam und sie konnte ihn nicht aufhalten. Fabian versenkte sein Gesicht erneut zwischen ihren Schenkeln, saugte sie ein und diesmal biss er zu! Ein wohliger Schmerz durchzuckte Anna, nur für einen Sekundenbruchteil war die Empfindung unangenehm, danach folgte der erlösende Schauer des Orgasmus und ihr Körper begann unkontrolliert zu zucken. Trotzdem trieb er weiter unerbittlich seinen Schwanz in ihren Rachen. Anna empfand dies als passend, es gab ihr das Gefühl, ihm zurückzugeben, was er ihr gerade geschenkt hatte. Als er beim

Anblick ihrer zuckenden Muschi immer ungestümer zustieß, hielt sie ihm gern entgegen und dann zog er seinen Schwanz nur wenige Zentimeter zurück, um sich in ihren Mund zu ergießen. Anna schluckte alles und es schmeckte wie das Köstlichste, was sie je geschmeckt hatte, weil es von ihm kam. Nur langsam beruhigte sie sich.

»Ich will dich endlich in mir spüren«, bettelte sie, als sie erschöpft nebeneinanderlagen.

»Gleich, aber ich brauche eine Pause. Versprochen.«

Fabian schien leicht einzudösen und Anna genoss das Gefühl, neben ihm zu liegen und ihn zu fühlen.

Als sie hörte, dass sein Atem gleichmäßiger wurde, und sie befürchtete, dass er einschlafen könnte, griff sie beherzt mit einer Hand zwischen seine Beine und massierte zunächst vorsichtig seine Hoden. Ein Lächeln umspielte seine Lippen und er öffnete erst nur ein Auge, bevor er sich zu ihr drehte.

»Du bist ja unersättlich«, neckte er sie und sie spürte, dass sein Schwanz anfing, sich wieder zu regen.

Daher packte sie ihn jetzt fester und sah ihm dabei energisch in die Augen.

»Dann fick mich doch endlich!«, stieß sie hervor und genoss den Moment, als das Verständnis über das, was sie soeben gesagt hatte, über sein Gesicht huschte und seine Augen groß werden ließ.

Jetzt war er nicht mehr zu halten. Er legte sich zwischen ihren Beinen auf sie und da sein Penis noch nicht zu voller Größe angewachsen war, küsste er sie zunächst stürmisch. Seine Zunge eroberte ihren Mund, wie zuvor ihre Muschi und war dabei fest und fordernd, was sie mehr und mehr anregte. Anna presste ihren Unterleib gegen seinen und rieb sich mit weit gespreizten Beinen an ihm. Ohne dass einer von beiden nachhelfen musste, glitt er so in sie, obwohl er weiterhin nicht vollkommen hart war. Anna stöhnte überrascht. Ihn in sich wachsen zu spüren, war ein unglaubliches Gefühl, und als er allmählich anfing, in sie zu stoßen, kam er ihr weit härter vor als beim ersten Mal. Anna schloss die Augen, um intensiver fühlen zu können, und öffnete sie ebenfalls nicht, als er seinen steinharten Schwanz tief in sie gedrückt hielt, um mit seinen Händen ihren Körper zu streicheln. Es fühlte sich an, als habe er mehr als zwei Hände, mit denen er fest über ihre Brüste, den Hals und ihr Gesicht strich. Währenddessen zuckte ihm ihr Becken wie von selbst entgegen, um sich mit seinem harten Kolben gutzutun. Auch Fabian stöhnte jetzt, weil sein Schwanz fest von ihrer Muschi umschlossen wurde, und in seiner Ekstase beugte er sich nach vorne und biss sie erneut. Diesmal in eine ihrer Brüste. Nicht so stark, wie er gekonnt hätte, sondern gerade so fest, dass es ihren Körper bei dem süßen Schmerz zusammenzucken ließ. Als sie sich wieder beruhigt hatte, saugte er nur noch an ihrer Brustwarze. Mehr brauchte er nicht zu tun, denn Anna stieß ihm von unten so heftig entgegen, dass eigentlich sie ihn fickte und nicht er sie. Einige Augenblicke ließ er dies noch zu, dann packte er sie aber an den Oberschenkeln und drückte diese weit auseinander, sodass jetzt er hart in sie stoßen konnte und ihr keine Möglichkeit blieb l, ihm entgegenzuhalten. Mehrmals fuhr er so in sie, bevor er sich schwer auf sie legte, um in kurzen schnellen Stößen in sie zu gleiten. Dadurch wurde ihr ohnehin mittlerweile extrem empfindlicher Kitzler so durch seinen Unterleib massiert, dass Anna rasch und laut stöhnend zum Höhepunkt kam. Fabian drängte erneut tiefer in sie, um das Zucken ihrer orgastischen Möse voll spüren zu können. Als es nachließ, zog er seinen Schwanz komplett aus ihr und wichste ihn so, dass seine Hand dabei erneut ihren überempfindlichen Kitzler bearbeitete und Anna wimmerte, weil sie keine Gelegenheit bekam, zu Atem zu kommen. Sie steuerte einem weiteren, heftigeren Orgasmus entgegen und musste sich in das Laken krallen, um nicht laut loszubrüllen. Fabian erregte es, sie so zu sehen, und er steigerte sein Tempo. Als er zum Höhepunkt kam, spritzte er Anna direkt auf ihre geschwollene Lustperle und löste damit ihren zweiten Orgasmus aus, der ewig zu dauern schien. Er sah dabei zu, wie sein sämiges Sperma langsam in ihre zuckende Spalte rann und konnte nicht widerstehen, es ihr mit zwei Fingern hineinzuschieben. Anna presste sich ihm entgegen und stieß seine Hand noch tiefer in sich. Gerne wäre sie weiter oder noch mal gekommen, aber die Erregung flachte ab und als sie sich entspannte, zog er seine Finger zufrieden aus ihr. Kurz danach lag sie neben ihm, streichelte seine Brust und überdachte alles.

»Fabian, das war der unglaublichste Sex, den ich je hatte! Trotzdem weiß ich, dass ich Jessica nicht weiter und immer wieder hintergehen kann«, gestand sie, obwohl ihr die Situation fast unpassend erschien.

»Ich verstehe, was du meinst! Und du hast vollkommen recht! Ich denke, ich sollte mit ihr reden!«, stimmte Fabian ihr glücklicherweise zu.

»Aber erst morgen!«, fügte er an und schmiegte sich an sie.

Anna war sich sicher, dass heute oder morgen keine Rolle spielte, und genoss den Augenblick, den sie mit ihm hatte. Sein Geruch und seine Wärme lullten sie ein und sie bekam Angst, dass sie neben ihm eindösen würde, wenn sie nicht sofort aufstanden und sich bewegten.

»Ich würde duschen und dann könnten wir an den Strand oder den Pool, wenn du magst«, schlug sie daher vor.

»Das klingt nach einem ausgezeichneten Plan!«, scherzte Fabian und sprang auf, um sich anzuziehen.

Etwas zu schnell für Annas Geschmack verabschiedete er sich, um im eigenen Zimmer ebenfalls zu duschen. Sie hätte dies gerne mit ihm zusammen getan, wusste aber, dass es zu riskant war, da Jessica jederzeit wiederkommen konnte.

Dafür genoss sie umso mehr die Zweisamkeit am Rand des Pools, die ihnen noch blieb, bis plötzlich Geschrei aus der Lobby zu hören war. Ein aufgeregter Hotelangestellter kam zu ihnen und bat Fabian, ihm zu folgen, da seine Frau einen Unfall gehabt hatte. Kreidebleich folgte er dem Mann und Anna hatte Mühe, ebenfalls hinterherzukommen. Mitten in der Lobby stand ein Rollstuhl, in dem Jessica wie ein Häuflein Elend saß. An einem ihrer Füße trug sie keinen Schuh, stattdessen steckte er in einer Plastikschiene.

»Fabian!«, heulte sie schon, als sie ihn von Weitem sah.

Sie erklärte, dass sie umgeknickt und ihr Knöchel gezerrt sei. Der Mitarbeiter des Krankenhauses, der sie hierhergebracht hatte, wollte jetzt den Rollstuhl wieder mitnehmen und sie sollte auf Krücken laufen.

»Du musst mir helfen, Schatz! So schaffe ich es nicht ins Zimmer! Was für eine Katastrophe! Ich bin völlig erschöpft und will nur ins Bett!«, jammerte sie weiter.

Fabian nickte, half ihr, aufzustehen, und stützte sie auf dem Weg zu den Aufzügen.

»Bringst du mir meine Sachen vom Pool?«, bat er Anna und sie versprach ihm eifrig, sie sofort zu holen.

Vorsichtig klopfte sie kurz darauf am Zimmer. Fabian kam direkt an die Tür, schob sich zu ihr nach draußen und schloss sie fast hinter sich.

»Danke! Du, Jessica geht es wirklich schlecht. Sie braucht mich jetzt und ich muss für sie da sein. Ich denke, ich warte damit, mit ihr zu reden, bis der Knöchel verheilt ist. Das verstehst du doch, oder?«, ließ er sie leise wissen.

Anna verstand durchaus. Ausreden wie diese hatte sie in Filmen und Büchern schon tausendmal gesehen und gelesen.

Sie nickte und verabschiedete sich. Auf einige Tage mehr oder weniger würde es letztlich nicht ankommen und vermutlich war es ohnehin besser, Jessica erst zu Hause reinen Wein einzuschenken. Dennoch wappnete sie sich innerlich dafür, dass Fabian möglicherweise immer wieder Gründe finden würde, die vermeintlich dagegensprachen, es zu einer Aussprache kommen zu lassen. Ewig würde sie allerdings nicht warten, und sich ständig mit ihm verstecken zu müssen, kam überhaupt nicht infrage. Wie hatte er selbst es so schön ausgedrückt? Man konnte nicht immer klein beigeben! Und in diesem Fall hatte sie das nicht vor. Sie würde für ihr Glück kämpfen und war sich sicher, dass Fabian es wert war. Beschwingt durch diesen Gedanken ging sie zurück an den Pool. Während sie in der Sonne döste, schmiedete sie Pläne, was sie tun würde, falls er nicht zu ihr stehen würde. Aber sie war sich sicher: Es würde alles gut werden …

GRATIS
SARAH ROSEANNE FOX
GEIL BEIM VORSTELLUNGS-GESPRÄCH
ICH BIN NASS VON DIR!
EROTISCHE GESCHICHTEN
BLUE PANTHER BOOKS

iPad
Gewinnspiel